UNA VOCE
NELLA MIA VITA

MASSIMO CAMISASCA

UNA VOCE NELLA MIA VITA

L'uomo chiamato da Dio

Hanno collaborato Elena Garzillo, Andrea Marinzi, Tommaso Pedroli.

I edizione 2008
II edizione 2011

in copertina: foto di Tommaso Passi

Introduzione

«*C'è una voce nella mia vita, che avverto nel punto che muore.*» Inizia così una poesia di Pascoli, significativamente intitolata *La voce*[1]. Credo sia uno degli incipit più belli della poesia del Novecento. Il primo verso, nella sua assoluta semplicità, descrive un'esperienza vera per ognuno: nella vita di ognuno c'è una voce, una presenza che continuamente si fa sentire. È una voce particolare, che non soffoca tutte le altre, ma le rende in un certo modo più forti, e insieme le spiega, le raccoglie, le raduna. È la voce che costituisce il fondamento di ogni altro suggerimento e richiamo. Essa penetra le profondità del nostro essere, irradiando e illuminando tutti i particolari e gli anfratti della nostra esperienza personale. Non è un caso che Pascoli componga l'intera poesia di episodi e di ricordi della sua esistenza, dominati tutti da quella voce, che a volte sembra scomparire ma poi ritorna, come una compagna discreta e fedele.

Quella voce dice una cosa sola, cioè il nome del poeta. Ogni volta con un timbro e una richiesta diversa, ma sempre essa lo chiama: *Zvanî*, Giovanni. Qualcosa di simile

[1] G. Pascoli, *La voce*, in *Canti di Castelvecchio*, Arnoldo Mondadori Editore, Milano 1968.

accade a ciascuno di noi. Qualcuno ci chiama, e il nostro nome risuona in ogni avvenimento, in ogni incontro, in ogni circostanza. Anche se a volte noi siamo distratti e non ce ne accorgiamo. Per questo Pascoli, acutamente, aggiunge: «*che avverto nel punto che muore*». Sembra voler dire che la nostra distrazione tende a indebolire quella voce, quasi a cancellarla, a farcene avvertire soltanto un'eco lontana. Eppure essa c'è, e, per poco che siamo vivi, la sentiamo.

La voce che risuona in ogni cosa è la voce di Dio, che ci chiama a diventare ciò che il nostro nome indica, vale a dire noi stessi. Egli chiama tutte le sue creature a diventare realmente se stesse, a realizzare il fine per cui Egli le ha fatte. Anche gli alberi, i fiori, le montagne. Perfino la pietra ha la sua vocazione, che può essere quella di diventare la *Pietà* di Michelangelo, oppure di essere levigata dalle onde sulla riva del mare, o ancora di restare uguale a se stessa nel corso dei secoli. Ogni pietra è chiamata a essere pietra secondo il disegno del suo creatore. Nel rispondere a questa chiamata, la pietra, se solo avesse coscienza, scoprirebbe la gioia del pieno realizzarsi di sé. Così avviene per le piante, per gli animali, per l'uomo: per tutti c'è un percorso, un itinerario da realizzare verso il compimento, una traccia da seguire fino alla pienezza definitiva di sé. Ogni uomo consiste di questa vocazione. Ed è evidente che ciò non riguarda soltanto i sacerdoti o le suore – ossia le persone che di solito, quasi involontariamente, associamo alla parola vocazione – ma ogni uomo, di qualunque epoca e di qualunque paese. La vita consiste nella risposta della libertà dell'uomo alla chiamata di Dio.

La vita è una chiamata, fin dal suo inizio, tanto è vero che non siamo venuti al mondo per una nostra decisione, ma perché qualcuno ci ha voluti. In questa coscienza sta l'unica possibilità di vincere l'incertezza che segna in modo così tragico il nostro tempo. È un'incertezza che è frutto del relativismo e della crisi delle famiglie, che sembrano mettere in dubbio le radici dell'uomo e minare l'esistenza stessa della verità. Ma è un'incertezza che riguarda anzitutto l'interiorità dell'uomo, perché è dentro di noi che si percepisce l'assenza di un fondamento, la mancanza di un centro stabile, capace di dare senso al presente e al futuro.

Il Papa, nella sua ultima enciclica, racconta la storia di Giuseppina Bakhita, nata in Sudan nel 1869 e canonizzata da Giovanni Paolo II. Fu rapita quando aveva nove anni, e da allora costretta a lavorare come schiava sotto diversi padroni, che la picchiavano e le facevano subire violenze di ogni tipo. Poi fu comprata da un italiano che la portò con sé in Italia. Qui conobbe il cristianesimo, e scoprì che al di sopra di tutti i padroni c'è Gesù Cristo, il Dio vivente. Commenta il Papa: «*Fino ad allora aveva conosciuto solo padroni che la disprezzavano e la maltrattavano... Ora però sentiva dire che esiste un padrone al di sopra di tutti i padroni, il Signore di tutti i signori, e che questo Signore è buono, la bontà in persona. Veniva a sapere che questo Signore conosceva anche lei, aveva creato anche lei, anzi che Egli la amava... Lei era conosciuta e amata ed era attesa. Anzi, questo Padrone aveva affrontato in prima persona il destino di essere picchiato e ora la aspettava alla destra di Dio Padre*»[2].

Scoprire che vita è vocazione, prima di qualsiasi altra cosa, significa scoprire che siamo oggetto di un grande amore. Non siamo figli del caso, non siamo gettati in balìa degli eventi, ma conosciuti, voluti e attesi. In questa co-

2 Benedetto XVI, *Spe salvi*, 3.

scienza c'è tutta la nostra dignità, la nostra speranza, la nostra certezza. Per questa ragione ho voluto dedicare il primo capitolo di questo libro alla figura di Abramo. Egli è stato il primo uomo ad aver accettato di essere definito dalla voce di un Altro, a lasciarsi definire interamente dalla parola del Signore. È stato raggiunto dalla presenza di Dio, che rivolgendosi a lui ha cominciato a farsi carne, se non nella pienezza del Verbo almeno in una inizialità oggettiva, e ha detto sì, accettando che tutta la sua vita fosse la risposta a quella chiamata.

Guardare ad Abramo, alla sua persona misteriosa e grandissima, ci permette di cominciare a entrare nel segreto di noi stessi. Ciò che ci costituisce nel profondo, infatti, è l'amore di Colui che ci ha fatti e continua a darci il dono dell'essere. Lui è l'unico fondamento sicuro sul quale possiamo poggiare la nostra esistenza. Senza di Lui la vita sarebbe illusione, una terribile commedia, una farsa. Invece Dio ci conosce e ci vuole, fin dall'inizio dei tempi, fin dal principio della storia: «*Dal seno dell'aurora come rugiada io ti ho generato*» (*Salmo* 110,3). Egli, che solo esisteva all'inizio dei tempi, ha voluto che noi facessimo parte del suo eterno dialogare col Figlio, ha voluto renderci parte del mistero stesso della Trinità.

Nella storia cominciata con Abramo Dio ha voluto collocare anche ognuno di noi. È una storia fatta di nomi e cognomi, di persone concrete come noi, con il loro temperamento, la loro sensibilità, le debolezze, le fatiche, i tradimenti, le ribellioni, le paure, le esaltazioni. Una storia alla quale siamo chiamati a partecipare, dove c'è un posto assolutamente speciale preparato da sempre per noi. Di questa storia ricordiamo innanzitutto le figure eccelse di san Pietro e di san Paolo, ma essa racchiude in sé un'infinità di altri nomi, numerosi come le stelle del cielo, secondo ciò che Jahvé aveva predetto ad Abramo: «*La tua discendenza sarà numerosa come le stelle del cielo e come la sabbia che è sul lido del mare*» (cfr. *Genesi* 22, 17). Sono i nomi degli uomini e delle donne che hanno reso grande la loro vita rispondendo con semplicità alla voce del Signore: Abramo, Giacobbe, Davide, Salomone, Pietro, Paolo, Giovanni, Andrea, Francesco, Domenico, Caterina, Ignazio... fino ai santi dei nostri giorni, come Giovanni Paolo II e madre Teresa di Calcutta. La loro memoria riempie di letizia le nostre giornate, ci rende capaci di una pazienza che altrimenti non avremmo, di una profonda serenità, di una pace costruttiva. A questo popolo di santi, che attraversa i millenni come un fiume luminoso, siamo chiamati a diventare sempre più familiari, secondo quanto ha scritto san Paolo: «*Siamo diventati familiari dei santi*» (cfr. *Efesini* 2, 19). Il Signore ci ha fatti per la loro stessa grandezza. Non importa se siamo limitati, non importa il numero dei nostri peccati. Ci viene chiesto solamente di dire di sì.

Parte Prima

L'ESPERIENZA DELLA VOCAZIONE

Capitolo 1

VOCAZIONE E PROMESSA: IL VIAGGIO DI ABRAMO

Ogni vocazione contiene una promessa, o meglio: la vocazione coincide con la promessa. Dio chiama per una promessa, cioè per la realizzazione di colui che è chiamato, per la sua pienezza, per il suo compimento.

La promessa originaria è quella che Dio indirizza ad Adamo: «*Non è bene che tu sia solo*» (cfr. *Genesi* 2,18). A questa promessa, come racconta la Genesi, segue la creazione della donna, aiuto simile all'uomo, «*carne della sua carne, ossa delle sue ossa*» (cfr. *Genesi* 2,23). La donna è donna di fronte all'uomo, femminilità di fronte alla mascolinità per la realizzazione di un unico essere. Per lei l'uomo «*abbandonerà suo padre e sua madre e si unirà a sua moglie, e i due saranno una sola carne*» (*Genesi* 2,24). Possiamo dunque dire che Dio mantiene la sua promessa con la creazione della donna. Ma leggendo il racconto biblico con maggiore attenzione scopriamo, nella promessa rivolta ad Adamo, un significato più profondo, un livello più vero: che Dio, come vero adempimento della promessa, non pone altri che Se stesso. Egli alla sera, nella brezza del crepuscolo, passeggia nel giardino insieme ad Adamo ed Eva e dialoga con loro (cfr. *Genesi* 3,8). È questo il vero compimento della promessa, adombrato nella creazione della donna. La frase pronunciata da Dio – «*Non è bene che l'uo-*

mo sia solo» –, quella frase che aveva cominciato ad adempiersi nel rapporto di Adamo con la donna, si compie in realtà nel dialogo dell'uomo con Dio, nel rapporto con Lui, nell'amicizia con Lui. Il contenuto più profondo di ogni vocazione, infatti, è la realizzazione della propria persona, e la realizzazione della propria persona è il rapporto vissuto con Dio. Sant'Agostino, nelle *Confessioni*, afferma questa realtà con un'espressione vera e profonda: «*Ci hai fatti per Te, o Signore, e il nostro cuore è inquieto finché non riposa in Te*»[1]. Il compimento che la donna costituisce per l'uomo, come il compimento che l'uomo costituisce per la donna, è in realtà profezia del compimento della promessa, che si realizza pienamente nel rapporto con Dio.

Poi c'è stato il peccato originale. Non sappiamo cosa sarebbe accaduto se non fosse stato commesso, non possono dircelo nemmeno i teologi più scaltri. Ma tutto fa pensare che il Figlio di Dio si sarebbe comunque incarnato, perché l'Incarnazione è nella logica della creazione. Il Figlio non si è incarnato perché l'uomo è stato creato, ma l'uomo è stato creato in vista dell'incarnazione di Dio.

In ogni caso il peccato originale è stato attuato e a esso è seguita l'incarnazione del Figlio. Che ne è stato allora della promessa originaria? Essa è rimasta identica, e tale rimane tuttora. Solo che la comunione con Dio, pur rimanendo puro dono Suo, implica ora un cammino dell'uomo, una conquista, una lotta. Implica il cammino della libertà che aderisce alla strada voluta da Dio per il compimento di questa promessa.

La strada del compimento della promessa è l'umanità del Figlio. Aderendo all'umanità di Gesù partecipiamo di questa promessa e ne godiamo dapprima la caparra, come

1 AGOSTINO D'IPPONA, *Confessiones*, I, 1.

dice san Paolo (cfr. *2 Corinzi* 1,22), e poi il compimento. Il tempo che ci è dato è il tempo dell'anticipo, dell'inizio, mentre quello oltre la morte sarà il tempo del compimento. «*Et futurae gloriae nobis*...», dice san Tommaso nell'inno eucaristico[2].

Tutto il percorso fin qui indicato si ritrova nella figura di Abramo. La sua è una vicenda altamente drammatica, impressionante dal punto di vista umano ed emotivo, affascinante e decisiva, capace di mostrare la profondità esaltante del rapporto fra l'uomo e Dio. Non è un caso che l'autore della Lettera agli Ebrei, volendo descrivere l'itinerario del compiersi della promessa di Dio nell'umanità di Cristo, dedichi molto spazio proprio a lui. Nel cammino di Abramo, infatti, si dispiega tutto l'itinerario della promessa. Per questo noi lo chiamiamo padre.

La Lettera agli Ebrei testimonia come la prima comunità cristiana, desiderosa di procedere verso una comprensione sempre più profonda della figura e del mistero di Cristo, ritenesse decisivo il ruolo di Abramo; egli fu l'uomo con il quale Dio riprese il dialogo interrotto nel giardino dell'Eden, l'inizio del popolo ebraico, il capostipite del popolo nuovo. Era evidente, proprio a ridosso della sua morte e resurrezione di Gesù, che per comprendere veramente la sua persona e il suo insegnamento, occorreva passare attraverso l'Antico Testamento, coltivare una familiarità con la Sacra Scrittura, conoscere la storia del popolo d'Israele. È un insegnamento che non possiamo trascurare: senza un'immedesimazione con l'Antico Testamento e con la storia di Israele, è impossibile una cono-

2 *O Sacrum Convivium*, in *Rituale Romanum, De sacra communione et de cultu mysterii eucaristici extra missam*, Libreria Editrice Vaticana, Città del Vaticano 1977.

scenza vera di Cristo. Infatti i Padri della Chiesa hanno scritto che l'ignoranza della Sacra Scrittura è ignoranza di Cristo[3], e di conseguenza l'ignoranza dell'Antico Testamento ne rappresenta quantomeno un'ignoranza parziale. Mettere da parte l'Antico Testamento come se fosse qualcosa di vecchio e superato significa togliere a Cristo una dimensione fondamentale, appiattirlo, impoverirlo in modo gravissimo. Come una figura piana rispetto a un'immagine tridimensionale, come un film in bianco e nero di sessant'anni fa rispetto a un moderno film a colori. D'altra parte tutto il Nuovo Testamento è costruito sull'Antico. Si può forse leggere il vangelo di Matteo senza considerare l'Antico Testamento? È forse possibile, a maggior ragione, leggere Giovanni senza l'Antico Testamento? Sarebbe come limitarsi a conoscere una persona attraverso una fotografia piuttosto che stando con lei per guardarla dal vivo, per osservare i suoi gesti, per porgerle delle domande e ascoltarne le risposte. Introdursi realmente al Nuovo Testamento, conoscere la storia del popolo di Israele, è l'unica possibilità di cogliere un'immensità di sfumature che resterebbero altrimenti ignote.

Nella Lettera agli Ebrei sono riferiti ad Abramo alcuni versetti del capitolo XI. L'ottavo versetto, il primo in cui egli è citato, comincia così: «*Per fede Abramo, chiamato da Dio, obbedì*» (*Ebrei* 11,8a).

All'inizio c'è dunque la fede. Essa costituisce il portale fondamentale per riconoscere la promessa e per camminare verso il suo compimento. Cos'è infatti la fede se non lo sguardo che Dio fa nascere nell'uomo quando gli concede la sua vita? La fede è lo sguardo di Dio sulle cose dell'uomo. Senza fede, senza questo sguardo, l'uomo non

[3] Cfr. GIROLAMO, *Super prophetam Isaiam*, Prologus.

può riconoscere la promessa. Può vedere ciò che vedono tutti, ma non è in grado, dentro ciò che tutti vedono, di leggere la promessa che vi è posta. Come potrebbe accadere a un uomo che, camminando lungo la strada, vedesse cento donne ma non si accorgesse di nessuna, perché di nessuna è innamorato, e trova tutte le donne uguali. Solo quando a un uomo accade di innamorarsi tutte le persone incontrate acquistano per lui un significato reale. Non solo la donna amata, che assume per lui un valore che gli altri non le riconoscono, ma anche tutte le altre. Desideroso di scorgere il volto prediletto, desideroso di scovare le tracce del suo passaggio, l'innamorato si trova di colpo capace di vedere ciò che nessuno vede, ciò che lui stesso prima non vedeva, come se il Signore gli donasse una speciale sensibilità. Tanti particolari assumono allora un peso grandissimo, soprattutto quelli che riguardano lei. In lei, che prima attraversava le sue giornate quasi inosservata, l'innamorato diventa capace di cogliere aspetti mai notati, gesti prima nascosti, parole fino a quel punto inascoltate. Tutto quello che per altri è insignificante, inutile o banale, acquista un peso immenso, un significato, un contenuto di promessa.

Cesare Pavese ha descritto benissimo questa esperienza in una avvertenza ai suoi *Dialoghi con Leucò* che a mio avviso rappresenta la necessaria chiave di lettura di tutta quest'opera. Dice in quel suo scritto: «*Sappiamo che il più sicuro – e più rapido – modo di stupirci è di fissare imperterriti sempre lo stesso oggetto. Un bel momento quest'oggetto ci sembrerà – miracoloso – di non averlo visto mai*»[4]. Chiaramente non si riferiva alla fede cristiana, eppure descriveva un cambiamento avvenuto in sé per lo scattare di qualcosa di imprevisto, uno sguardo nuovo, improv-

[4] C. PAVESE, *Dialoghi con Leucò*, Oscar Mondadori, Milano 1975, p. 33.

viso, donato. Questo sguardo nuovo, capace di riconoscere in ogni cosa la presenza e il richiamo del Signore, è per il cristiano lo sguardo della fede. Avere il dono della fede non significa essere dei visionari, o vedere come reali cose che reali non sono, bensì, all'opposto, vedere più in profondità le cose che sono.

«*Per fede Abramo, chiamato da Dio, obbedì partendo per un luogo che doveva ricevere in eredità*» (*Ebrei* 11,8). La vocazione di Abramo risiede nella chiamata di Dio. Egli lo sollecita attraverso una promessa il cui contenuto è esplicitato fin dall'inizio. Si tratta di una terra dove abitare e, soprattutto, di una discendenza: «*Farò di te un grande popolo*» (*Genesi* 12,2). Eppure, anche se Dio non resta nel vago e dichiara apertamente quale sarà il premio per l'uomo che si fida della sua parola, il disvelarsi della promessa non avviene immediatamente. Dio infatti rivela i suoi piani in modo progressivo, non dice tutto subito. O meglio: Dio, pur dicendo tutto subito, ci permette di comprendere la sua parola solo in modo progressivo. Così, nel contenuto della promessa fatta ad Abramo, nella promessa di una terra e della discendenza, c'era davvero tutto, ma in una modalità che Abramo doveva ancora scoprire.

«*Per fede Abramo, chiamato da Dio, obbedì partendo per un luogo che doveva ricevere in eredità e partì senza sapere dove andava*» (*Ebrei* 11,8). Varrebbe la pena di imparare a memoria questo versetto, poiché esso contiene realmente tutto l'itinerario della vita cristiana. C'è l'iniziativa di Dio, che chiama e fa una promessa, e c'è l'indicazione di un luogo che deve essere ricevuto come eredità. Ma non è dato conoscere il modo in cui questa promessa sarà adempiuta. Occorre semplicemente obbedire, occorre fidarsi, occorre partire. Così si scopre il ruolo insostituibile della fede, che permette all'uomo di riconoscere la promessa e di mobilitarsi, di mettersi in cammino.

Che cosa rende ragionevole l'obbedienza di Abramo? Certamente il fascino della promessa, il desiderio di vederla compiuta, la speranza che essa si realizzi. Ma questo ancora non basterebbe, perché potrebbe trattarsi di un sogno, di un'illusione. Il comportamento di Abramo è ragionevole per la forza dirompente del Dio che pone in essere quella promessa. Abramo aveva già vissuto l'esperienza di questo Dio, altrimenti non sarebbe partito. Ne aveva già percepito la potenza unica, la diversità dagli altri dèi, la capacità di entrare in relazione con gli uomini. In quel Dio Abramo aveva intuito di trovarsi davanti a qualcosa di estremamente corrispondente a sé.

Così Abramo parte. Tutta la ragionevolezza di questa sua partenza sta in ciò che egli ha già visto, ma molto rimane ancora da vedere e perciò Abramo è chiamato a obbedire. L'obbedienza è giustificata da ciò che Abramo ha già visto ed è richiesta da ciò che non ha visto. Per questo il versetto ottavo si conclude con la sottolineatura del fatto che egli stesse partendo «*senza sapere dove andava*». Sembra la descrizione della nostra condizione di uomini, anche di quelli la cui strada sembra segnata, che hanno già una famiglia, un lavoro, delle responsabilità. Nessuno, a ben pensarci, potrebbe dire di sapere dove sta andando; nessuno può illudersi di sapere con certezza ciò che gli accadrà fra un anno, fra un mese, fra un minuto. Forse, se conoscessimo esattamente tutti i dettagli del nostro futuro, smetteremmo di impegnarci in certe iniziative, o abbandoneremmo il progetto di mettere mano ad altre.

Certamente ciò che ci attende è diverso da ciò che immaginiamo, perché Dio è diverso dai nostri pensieri. «*I miei pensieri non sono i vostri pensieri, le vostre vie non sono le mie vie*», dice Dio al profeta Isaia (*Isaia* 55, 8). E sant'Agostino, quasi a voler commentare: «*Si comprehendis, non est Deus*»[5].

Rispetto ad Abramo mi sembra che l'unico paragone possibile sia san Giuseppe. Anch'egli fu chiamato ad andare verso una terra, cioè un'esperienza, che non conosceva, affidandosi soltanto al sottilissimo filo lanciatogli da Dio. Anche per san Giuseppe è vero ciò che Dio dice ad Abramo: «*Esci dal tuo paese, dalla tua patria e dalla casa di tuo padre, verso il paese che ti indicherò*» (*Genesi* 12, 1). Si noti che Dio non dice: «*Verso il paese che ti indico*», bensì: «*Verso il paese che ti indicherò*». In questo verbo è condensato tutto l'uso semitico del futuro, fatto dell'infinito numero del presente. È come se Dio dicesse: «Ti indicherò giorno per giorno la strada da percorrere. Ogni mattina ti suggerirò quanto ti sarà necessario per il giorno appena iniziato, mentre ciò che riguarda il futuro te lo dirò in seguito. Accontentati ogni giorno di sentire la mia voce e di avere per quel giorno l'indicazione della mia strada».

Dio chiede dunque ad Abramo una disponibilità totale, gli chiede di restare appeso, appigliato al sottile filo di un'indicazione che si svela ora per ora. Ma, se la chiamata di Dio mantiene per l'uomo dei contorni misteriosi, essa mostra allo stesso tempo una grande concretezza: «*Lascia la casa di tuo padre per il luogo dove ti manderò*». Dio non è un'idea, una riflessione, un vago pensiero. Egli è una storia, che si sviluppa a partire dal dialogo con quest'uomo e che si popola da subito di nomi, di luoghi e di persone.

Col passare del tempo la chiamata e la promessa appaiono chiaramente come la strada scelta da Dio perché

[5] AGOSTINO D'IPPONA, *Sermo* LII, 16.

Abramo lo possa incontrare. Sono innanzitutto la strada attraverso cui Abramo, a poco a poco, può rendersi conto di chi sia il Mistero nella sua vita, quale volto abbia. È un punto decisivo, cui già ho accennato: Dio non ci chiama a uscire dalla nostra terra, dalla nostra patria, dalla nostra casa, perché possiamo incontrare altri uomini, ma innanzitutto perché possiamo incontrare Lui. Ognuno di noi è chiamato a uscire da Dio per tornare a Dio. Tutta la vita è questo ritorno, tutta la vita è il nostro ritorno a Dio. Soltanto tornando a Dio noi torniamo a noi stessi, cioè capiamo chi siamo noi stessi, ci accettiamo, ci riconciliamo con noi stessi. «*Rede in te ipsum*», ha scritto sant'Agostino[6], e certo non pensava a nulla di psicologico. Sapeva infatti che ritornare a se stessi non vuol dire ripiegarsi su di sé bensì, al contrario, riscoprire un Altro come origine del proprio essere, tornare al punto in cui il Mistero origina l'io. Ritornare a sé significa ritornare a Dio, ed è cammino che Dio non ci chiede di compiere da soli, poiché Egli ci indirizza, ci sostiene, ci accompagna. È un cammino che noi svolgiamo in Dio, attraverso di Lui, come ha detto san Bonaventura: «*Itinerarium in Deum*»[7].

«*Per fede Abramo soggiornò nella terra promessa come in una regione straniera, abitando sotto le tende, come anche Isacco e Giacobbe, coeredi della medesima promessa. Egli aspettava infatti la città dalle salde fondamenta, il cui architetto e costruttore è Dio stesso*» (*Ebrei* 11,9-10). La vita di Abramo consiste dunque in un continuo passaggio: se anche è possibile piantare delle tende, ciò non avviene mai per uno stabilirsi definitivo. Si tratta di un movimento continuo, accettato in nome di una promessa. Il tempo di que-

6 Agostino d'Ippona, *De vera religione*, XXXIX, 72.
7 Bonaventura da Bagnoregio, *Itinerarium mentis in Deum*.

sto itinerario, il cammino che conduce al compimento della promessa, è il tempo del deserto. Potremmo anche chiamarlo il tempo del fidanzamento, perché tra l'uomo e Dio c'è già un legame reale, ma non c'è ancora una realizzazione totale e definitiva. Il tempo del fidanzamento è quello in cui l'uomo è chiamato a scoprire chi è Dio, ed è il tempo in cui Dio si scopre davanti all'uomo, si rivela, comincia a mostrare il suo volto. È anche il tempo dell'attesa, della speranza e della prova, un tempo paragonabile alla Quaresima e all'Avvento, un tempo paragonabile alla vita intera. Tutta la vita, infatti, è un tempo di prova, non perché Dio sia sadico e goda nel vedere l'uomo in difficoltà, ma perché soltanto attraverso la prova l'uomo scopre la bontà di Dio, la sua misericordia, la sua grandezza infinita. «*Se vuoi conoscere Dio, prepara il tuo animo alla prova*» (cfr. *Siracide* 18,23).

In questi anni mi sono reso conto di come la strada più semplice e bella per capire il valore della prova siano i salmi. Essi sono uno dei doni più belli che Dio ha lasciato agli uomini. Non è un caso che la Chiesa obblighi i sacerdoti a farne preghiera quotidiana, poiché essi sono la descrizione della nostra vita, riuscendo a svelare l'agire infaticabile di Dio dentro le pieghe delle nostre circostanze quotidiane. I salmi descrivono esattamente il cammino verso la promessa, e mostrano come esso sia continuamente segnato dalla prova. Forse non è sbagliato dire che i salmi non sono nient'altro che un racconto di prove, spesso testimoniate dalla drammaticità delle domande: perché Dio non arriva? perché tarda a mostrare la sua potenza? perché sembra favorire i malvagi? perché manda contro i giusti un leone pronto a sbranarli? perché mette l'uomo sott'acqua e lo tritura come l'argento che deve passare nel crogiuolo?

I salmi sono un'impressionante antologia di prove, descritte con una ricchezza di immagini e un'espressività lirica impareggiabili. Però, se vogliamo – e dobbiamo – uscire dall'immagine antropomorfica di un Dio geloso o, peggio ancora, invidioso dell'uomo, non possiamo disgiungere la prova dalla sua ragione. Perché Dio non vuole la prova per la prova, non chiede il sacrificio per il sacrificio o il dolore per il dolore. La prova ha una ragione profonda in cui si rivela la sua ultima bontà: solo attraverso di essa l'uomo può giungere alla conoscenza di Dio. Anche la sapienza greca, almeno nelle sue espressioni più alte, era giunta a questa verità: la vera conoscenza avviene attraverso il dolore.

Ma i salmi dicono ancora di più, perché svelano che la prova è l'esperienza attraverso la quale l'uomo può entrare nel mistero di Dio, nella persona di Dio. A questo proposito la vicenda di Abramo è realmente la più illuminante. Nessuna avventura umana è più misteriosa, più tragica e allo stesso tempo più pacificante della sua: «*Per fede Abramo, messo alla prova, offrì Isacco, e proprio lui, che aveva ricevuto le promesse, offrì il suo figlio unico, del quale era stato detto: in Isacco avrai una discendenza che porterà il tuo nome*» (*Ebrei* 11,17-18). L'autore della *Lettera agli Ebrei* commenta: «*Egli pensava infatti che Dio è capace di far risorgere anche dai morti: per questo lo riebbe e fu come un simbolo*» (*Ebrei* 11,19).

Abramo crede profondamente nel compimento della promessa, rimane fedele al Signore e riottiene il figlio che temeva di aver perduto. La discendenza gli è assicurata; egli vedrà Isacco crescere e sposarsi con Rebecca. Però non vede i figli del loro matrimonio, e non riesce a entrare in modo definitivo nella terra che gli è stata promessa. Lo nota giustamente la Lettera agli Ebrei: «*Nella fede morirono tutti costoro, pur non avendo conseguito i beni promessi, ma avendoli solo veduti e salutati di lontano*» (*Ebrei* 11,13). È un punto affascinante e misterioso. Chiaramente Abramo, nella sua vita terrena, può godere qualcosa di quanto gli è stato promesso, può sperimentare la sovrabbondanza di gioia che Gesù, insieme alla vita eterna, assicurerà ai suoi discepoli *per il tempo presente* (cfr. *Luca* 18,28-30). Ma è altrettanto chiaro che Abramo gode solo dell'anticipo, dell'inizio, della caparra. Del resto Gesù, rispondendo a una domanda molto precisa di san Pietro, dirà che il centuplo sulla terra sarà accompagnato da persecuzioni (cfr. *Marco* 10,30), proprio per farci capire che il centuplo non è che l'anticipo del realizzarsi della promessa. Nel compimento, infatti, le persecuzioni non ci saranno più.

Ciò che è definitivo è dunque già presente, ma ancora siamo in cammino per poterne partecipare interamente. C'è ancora qualcosa che si oppone al compimento della promessa, che non cede, che fa resistenza. Qualcosa che è fuori di noi e qualcosa che è dentro di noi. Ciò che è contrario al compimento deve cadere, deve morire, deve staccarsi da noi come una pelle vecchia, come una corteccia che non servisse più dal tronco di un albero. Per questo è necessaria la prova. Forse noi, per usare un'espressione di san Paolo, vorremmo essere sopravestiti, mettere il vestito nuovo senza lasciare quello vecchio, oppure cambiare di colpo come si può cambiare l'abito in un camerino, ma proprio san Paolo ci avverte che questo non è possibile, che occorre invece una conversione, un cambiamento, una trasformazione interiore. Occorre spogliarsi dell'uomo vecchio e delle sue azioni, deporre le cose di prima, cambiar pelle, rinnovarsi a immagine del creatore (cfr. *Colossesi* 3,5-10). E per questo è necessario un lavoro, un pellegrinaggio, un tempo di conversione. Il tempo della prova, appunto.

Per questo Dio chiede ad Abramo il sacrificio del figlio. È una richiesta strana e tremenda, non solo perché sembra contraddire la promessa di una discendenza più numerosa delle stelle del cielo, ma anche perché Dio avrebbe potuto far morire Isacco e poi farlo risorgere senza chiedere la collaborazione di nessuno. Invece Dio chiede ad Abramo di giocare un ruolo attivo, chiedendogli di compiere personalmente il gesto di ucciderlo nel suo nome. Perché Egli non vuole che cessi di vivere Isacco, ma che qualcosa muoia in Abramo.

L'aver messo davanti agli occhi di Israele il sacrificio di Isacco, secoli e secoli prima della morte di Gesù, è un grande segno della tenerezza di Dio verso il suo popolo. Egli ha voluto che Israele cominciasse a rendersi conto di quanto l'amore sia terribile. Per questo non dobbiamo spaventarci se la promessa di Dio sembra avere la caratteristica dell'impossibilità. D'altronde era impossibile, secondo la prospettiva umana, che Abramo generasse un bambino, data la sua vecchiaia e la conclamata sterilità della moglie. Ed era impossibile che la promessa, miracolosamente mantenuta, non fosse annientata dall'assurda richiesta di uccidere Isacco. Ma ciò che Dio costruisce sembra impossibile soltanto allo «*spazio angusto del nostro cuore*», come ha detto sant'Agostino, «*affinché si dilatino gli spazi della vostra carità*»[8].

Tra l'altro – ed è un aspetto assolutamente decisivo – è evidente che Dio Padre, chiedendo ad Abramo il sacrificio del suo unico figlio, sapeva bene cosa sarebbe successo a suo Figlio, cosa avrebbe chiesto a Gesù e ciò che liberamente Gesù avrebbe accettato. Sembra volerci dire che ogni vocazione è partecipazione al sacrificio di Gesù, al Suo stesso sacrificio. In un modo o in un altro Dio ci chiede di partecipare fisicamente alla passione di Cristo, e arriva sempre il momento in cui ci chiede nostro figlio, cioè la

[8] Cfr. AGOSTINO D'IPPONA, *Sermo LXIX*.

cosa più cara. Non possiamo evitare questo, non esiste la scorciatoia per schivare il Calvario, nessuno l'ha ancora scoperta.

I sacerdoti sono chiamati a partecipare alla missione di Cristo in modo particolare. Lo si vede molto bene nelle parole che essi pronunciano ogni giorno, durante la celebrazione della messa, al momento della consacrazione. Sollevando l'ostia e il calice, essi dicono infatti: «*Questo è il mio corpo, questo è il mio sangue*»[9].

L'episodio del sacrificio di Isacco si conclude in questo modo: «*Abramo alzò gli occhi e vide un ariete impigliato con le corna in un cespuglio. Abramo andò a prendere l'ariete e lo offrì in olocausto al posto del figlio. Abramo chiamò quel luogo: "Il Signore provvede", perciò oggi si dice: "Sul monte il Signore provvede"*» (*Genesi* 22,13-14). Questo animale impigliato nel cespuglio è segno della provvidenza del Signore, la cui fedeltà si manifesta non successivamente, ma dentro al sacrificio, dentro ciò che Egli chiede. Fin dall'interno del sacrificio accettato, Dio permette che noi ci spalanchiamo una dimensione nuova di scoperta di noi stessi e della sua persona.

Tutti i capitoli della Genesi che raccontano di Abramo sono attraversati dal tema del viaggio perché Dio, fin dall'inizio, chiede ad Abramo di mettersi in cammino. Egli però non parte da solo, ma insieme a Lot, a sua moglie Sara e a tutte le persone che nel corso degli anni aveva aggregato intorno a sé. Sembra di sentire le battute de *L'annuncio a Maria* in cui Anna Vercors manifesta alla moglie la decisione di partire pellegrino verso Gerusalemme. È un

[9] Cfr. *Messale Romano*, Libreria Editrice Vaticana, Città del Vaticano 1973, pp. 394-395.

uomo alto e vigoroso, ma ha già sessant'anni. Infatti la moglie, dopo averlo ascoltato, gli domanda: «Come potrai cavartela, oramai sei vecchio? Cosa può fare un pellegrino da solo?». Allora lui le risponde: «*Non sono solo, io. Tutto un grande popolo esulta e parte con me*»[10]. Queste parole contengono una grande verità, perché il cammino della vocazione, il cammino che porta al compimento, non è mai il cammino di un uomo solo. È la Chiesa tutta intera che cammina verso il compimento della promessa, non tanti uomini solitari, slegati e indipendenti gli uni dagli altri. È un grande giorno quello in cui si percepisce di essere accompagnati, nel proprio personale cammino, da tutto il popolo cristiano. Penso alla gioia di alcuni giovani che ho conosciuto, i quali, iniziando il cammino verso il sacerdozio, si scoprono circondati dal sostegno spirituale e materiale di tante persone che non avevano mai avvertito vicine, e che invece desiderano partecipare alla loro avventura nei modi più svariati, pregando per loro, dando loro consigli, aiutandoli economicamente. La scoperta di essere insieme a tutta la comunità dei credenti riempie il cammino di responsabilità e commozione.

Ma Dio stesso accompagna il viaggio di Abramo, e il nostro viaggio. Egli non si limita a chiamare, a fare una promessa, ad apparire ogni tanto per metterci alla prova. No, Egli ci accompagna sempre, fedelmente, stabilmente. Questa è una caratteristica fondamentale del rapporto fra Dio e i suoi: Egli resta permanentemente al loro fianco. «*Se tu non camminerai con noi, non chiederci neppure di alzarci*», dicono gli israeliti nel deserto (cfr. *Esodo* 32,15). E nei salmi troviamo ancora una volta la descrizione di questa esperienza di vicinanza: «*Signore, mia roccia, mia fortezza, mio liberatore*», dice il salmo 18. E prosegue: «*Mio Dio, mia*

10 P. Claudel, *L'annuncio a Maria*, BUR, Milano 2001, p. 54.

rupe in cui trovo riparo, mio scudo e baluardo» (cfr. *Salmo* 18,3). Sono tutte espressioni che non si possono comprendere se non per la certezza di essere accompagnati da Dio.

«Dopo tali fatti, la parola del Signore fu rivolta ad Abram in visione: "Non temere, Abram, io sono il tuo scudo"» (*Genesi* 15,1). Effettivamente la presenza di Dio si fa realmente sentire, si fa vedere, fino a diventare esperienza di condivisione della vita. A questo proposito è molto significativo il capitolo XVIII del libro della Genesi, dove si racconta l'apparizione di Dio alle querce di Mamre. Abramo era seduto all'ingresso della sua tenda, quando, alzando gli occhi, vide tre uomini che stavano in piedi presso di lui. Immediatamente, riconoscendo l'eccezionalità della loro presenza, li invitò a fermarsi per riposare e mangiare un boccone. Quei tre uomini erano tre angeli inviati dal Signore, erano la presenza stessa del Signore che veniva per mangiare con Abramo e Sara. La condivisione del pasto è forse il più alto gesto di condivisione di vita che possa avvenire fra gli uomini, perché nel sedersi assieme a tavola la condivisione fisica diventa condivisione spirituale. Non è un caso che Cristo abbia approfittato di una cena per rendere stabile la sua permanenza in mezzo agli uomini.

Andando incontro ad Abramo al querceto di Mamre Dio rivela il suo desiderio di spiegare al popolo di Israele ciò che definitivamente si sarebbe realizzato nell'incarnazione del Figlio. Ma, per introdurre l'uomo a questo immenso mistero, Egli segue una pedagogia molto sapiente. Non dice ad Abramo di essere venuto a mangiare con lui per preparare i suoi discendenti al giorno in cui Gesù avrebbe istituito l'eucaristia, così come non gli aveva detto, chiedendogli di sacrificare Isacco, che quel sacrificio era un'anticipazione di quanto il Padre avrebbe chiesto a suo

Figlio. Dio infatti non vuole uccidere la libertà dell'uomo con l'anticipazione esplicita dei suoi progetti. Viene in mente quello che diceva Eraclito: «*L'armonia di ciò che è nascosto è più affascinante di ciò che appare*»[11]. Ciò che viene vissuto implicitamente giorno dopo giorno è più convincente di ciò che appare, di ciò che si rende immediatamente evidente a tutti.

Credo che ogni educatore dovrebbe riflettere a lungo sul metodo utilizzato da Dio con l'uomo. Penso per esempio alla tentazione di alcuni sacerdoti, che si illudono di adempiere il loro mandato missionario limitandosi a ripetere dal pulpito che Gesù è arrivato. Ma questo significa ripetere formule svuotate del loro contenuto, che non convincono nessuno, che non affascinano nessuno. Il cammino da percorrere con ogni uomo è invece molto più lungo e molto più interessante. È un cammino di coinvolgimento e di condivisione, proprio come quello compiuto da Dio, che si è coinvolto con tutti i particolari della vita, divenendo uomo tra gli uomini.

«*Si vada a prendere un po' di acqua, lavatevi i piedi e accomodatevi sotto l'albero. Permettete che vada a prendere un boccone di pane e rinfrancatevi il cuore... "Presto, tre staia di fior di farina, impastala e fanne focacce". All'armento corse lui stesso, Abramo, prese un vitello tenero e buono e lo diede al servo, che si affrettò a prepararlo. Prese latte acido e latte fresco insieme con il vitello, che aveva preparato, e li porse a loro*» (*Genesi* 18,5-8). Dio si è coinvolto con Sara e Abramo, si è fermato con loro. Il genio dell'Antico Testamento ha tradotto in un'immagine questa inconcepibile implicazione di Dio con l'uomo, questa incarnazione prima del tempo, questa fretta di Dio di dire all'uomo qual-

[11] Cfr. ERACLITO, *Frammenti*, D22, B54.

cosa. Lui, che non ha tempo, ha accettato di entrare nel tempo, di assumere la logica del tempo, per comunicarci qualcosa della sua verità, per soddisfare la sua ansia di portarci verso di Sé, per entrare in rapporto di amicizia con noi. Lui, bramoso di anticipare i tempi, di sollecitare il nostro cuore verso la sua venuta definitiva, pur rimanendo sempre attento a salvaguardare la nostra libertà! Per questo l'Antico Testamento è essenziale, perché senza l'Antico Testamento il Nuovo sarebbe una sorta de *Il capitale* di Marx, vale a dire una rivoluzione senza il senso del tempo. L'Antico Testamento è la dimensione del tempo dentro il Nuovo.

La seconda parte del capitolo XVIII, dopo l'episodio dell'apparizione alle querce di Mamre, ci mostra chiaramente che Abramo diventò un grande intercessore per gli uomini presso Dio. Infatti, quando Dio gli manifesta l'intenzione di distruggere le città di Sodoma e Gomorra a causa della gravità dei peccati commessi dai loro abitanti, Abramo gli si avvicina e gli domanda: «*Davvero sterminerai il giusto con l'empio? Forse vi sono cinquanta giusti nella città: davvero li vuoi sopprimere? E non perdonerai a quel luogo per riguardo ai cinquanta giusti che vi si trovano?*» (*Genesi* 18,23-24). Poi la sua richiesta si spinge oltre, fino a chiedere la salvezza di quelle città se solo vi si trovassero uomini giusti in numero di cinquanta, quarantacinque, quaranta, trenta, venti, dieci. E Dio ascolta la sua preghiera. Scopriamo così che l'incontro con il Signore aveva reso Abramo l'uomo di Dio in mezzo agli uomini, l'intercessore degli uomini presso Dio, il ponte fra Dio e gli uomini. Ma questo è vero per qualsiasi uomo chiamato da Dio, qualunque sia la forma della sua vocazione, perché ogni uomo che risponde alla chiamata di Dio diventa strumento della salvezza di tutti. Ricordo un anziano signore che mi è capitato di conoscere in una casa di riposo. Colpito dal fatto che tenesse sempre fra le mani la corona del rosario, gli domandai per quale ragione pregasse così tanto. Mi rispose: «Devo pregare anche per tutti quelli che non sono capaci di farlo».

Se l'intercessione è il contenuto di ogni vocazione, lo è in maniera eminente per chi è chiamato al sacerdozio, poiché l'essenza del sacerdozio è esattamente questa, l'essere ponte fra Dio e gli uomini. L'essenza della vocazione al sacerdozio è l'intercessione, il parlare a Dio in nome degli uomini, il portare a Dio la preghiera degli uomini. Anche Mosè visse potentemente questa vocazione, anzi, possiamo dire che questo aspetto di intercessione, che in Abramo era forte ma ancora germinale, diventò per Mosè totalizzante, fino a coincidere con la sua persona, fino a essere per lui una specie di tormento.

Essere intercessore vuol dire innanzitutto saper ascoltare la voce degli uomini e saperla ospitare nel proprio cuore, perché per portarla a Dio occorre raccoglierla. Anche per questo è necessario che la vita del sacerdote abbia un ordine, altrimenti egli finirebbe per essere soffocato dalla gente e non sarebbe capace di trattenere nulla, non riuscirebbe a serbare nel proprio cuore nessun volto, nessuna parola, nessuna domanda. Ovviamente non intendo dire che il sacerdote non debba faticare, lavorare, incontrare le persone. Anzi, credo che nulla possa impedirgli di essere consumato giorno dopo giorno, mangiato, sacrificato, e non perché l'uomo di Dio possa risolvere i problemi della gente, dato che solo Dio è capace di farlo, ma perché egli deve farsi voce della gente presso Dio. Si capisce allora che la preghiera e il silenzio, dimensioni che nella vita di un prete non possono mancare, non sono momenti vuoti e separati dalle altre attività, bensì il luogo in cui tutte le voci sono portate al cospetto di Dio, raccolte dentro il suo abbraccio, illuminate dal suo Spirito.

Quando recito il breviario chiedo sempre al Signore di accettare le mie parole anche per coloro che non le conoscono. Ci sono tantissimi uomini che vorrebbero poter dire: «*Mio Dio, tu sei la mia forza, il mio baluardo, la mia roccia*» (cfr. *Salmo* 17,3; 30,4; 117,14), ma che non sono capaci di dirlo, perché non conoscono queste parole, non le hanno mai sentite, nessuno gliele ha mai suggerite. Così le mie parole diventano anche le loro, diventano la preghiera di tutti coloro che avrebbero bisogno di pregare e non sono capaci di farlo. È una coscienza esaltante, che riempie di gioia e responsabilità.

Capitolo 2

CON LA FORZA DI UN ALTRO: LA MISSIONE DI GEDEONE

Nel precedente capitolo ho già accennato all'importanza della lettura, della meditazione, dello studio dell'Antico Testamento. Vorrei ora ribadirne la necessità per chi voglia accostare la figura di Gesù in modo non superficiale, per chi desideri conoscere realmente la sua persona e comprenderla nel profondo, fino a immedesimarsi con essa. Perché sottolineo l'urgenza di questo lavoro? Perché tutte le vocazioni partecipano di quella di Gesù, sia nel senso che la preparano, sia nel senso che la ripresentano nei vari tempi e spazi della storia dell'uomo. Entrare nella vocazione di Cristo è quindi necessario per comprendere la propria vocazione, e senza il lavoro che ci fa entrare nella storia di Israele, nella storia di Dio che crea il suo popolo attraverso le diverse vocazioni, è dunque impossibile comprendere fino in fondo la nostra stessa vita.

Dopo l'ingresso del popolo ebraico nella Terra Promessa, comincia il periodo chiamato "epoca dei giudici", compreso all'incirca fra il 1200 e il 1050 avanti Cristo. La Sacra Scrittura ne descrive sinteticamente le caratteristiche: «[Dopo la morte di Giosuè] *gli Israeliti fecero ciò che è male agli occhi del Signore... e seguirono altri dèi di quei popoli che avevano intorno. Allora si accese l'ira del Signore contro*

Israele e li mise in mano a razziatori, che li depredarono; li vendette ai nemici che stavano loro intorno ed essi non potevano più tener testa ai nemici... Furono ridotti all'estremo. Allora il Signore fece sorgere dei giudici, che li liberavano dalle mani di quelli che li spogliavano... Quando il Signore suscitava loro dei giudici, il Signore era con il giudice e li liberava dalla mano dei loro nemici durante tutta la vita del giudice; perché il Signore si lasciava commuovere dai loro gemiti sotto il giogo dei loro oppressori» (*Giudici* 2,11-18).

L'epoca dei giudici è un tempo in cui si vede chiaramente che ogni vocazione, in fondo, è una vocazione di governo. Del resto è sempre così: non esiste nel cristianesimo una vocazione che non porti su di sé una responsabilità verso gli altri uomini, perché, se Dio chiama una persona, certamente le affida, almeno in una certa misura, una responsabilità di governo. Tale responsabilità non si può mai disgiungere dalla responsabilità educativa.

Consideriamo, per prendere l'esempio più estremo, gli uomini e le donne chiamati alla clausura. Per queste persone si è sempre parlato di *fuga mundi*, e di sicuro, almeno per un certo verso, la terminologia non è sbagliata. Eppure, a ben guardare, questa *fuga mundi* non rappresenta mai una fuga dalle responsabilità, anzi, è la strada per vivere più a fondo il proprio compito nei confronti del mondo intero. Nel monastero, infatti, si determinano e si strutturano delle funzioni particolari a servizio della comunità, e per tutti c'è il supremo compito della preghiera. Essa nasce propriamente dalla coscienza del legame di ogni persona con tutto il genere umano e dalla coscienza della responsabilità verso ogni altro fratello uomo. Qui sta il vero crinale che differenzia il monachesimo cristiano da quello non cristiano. Anche se nel corso della storia cristiana, soprattutto nei primi secoli e sotto l'influsso delle eresie gnostiche, ci sono stati periodi in cui il monachesimo si è nutrito essenzialmente di disprezzo del mondo, tuttavia noi sappiamo che la vita del cristiano non può mai giungere a rigettare la storia e la corporeità, perché ciò significherebbe rinnegare l'Incarnazione.

Solo dalla memoria dell'Incarnazione può nascere una vocazione veramente cristiana, e proprio in virtù dell'Incarnazione ogni vocazione è una responsabilità verso gli uomini, anche la vocazione dei monaci di clausura, anche la vocazione degli eremiti. Forse dovremmo dire: soprattutto la loro. La vocazione cristiana, in qualunque forma essa si manifesti, dalla vita del famoso politico che sta sempre sotto i riflettori, a quella meno pubblicizzata dell'operaio o del padre di famiglia, fino a quella quasi invisibile di chi vive in totale solitudine, è sempre un'esistenza chiamata a portare su di sé la croce di tutti gli uomini. Chi pensasse di sfuggire a questa responsabilità si sottrarrebbe alla propria vocazione.

Certamente la responsabilità di ogni persona verso gli altri si manifesta, si nutre e si struttura in primo luogo come responsabilità verso Dio, visto che per rispondere adeguatamente agli uomini, per contribuire alla realizzazione di ognuno di loro, siamo chiamati anzitutto a rispondere a Dio. Riconoscere il primato del rapporto con Dio non significa negare la propria responsabilità verso gli uomini bensì, al contrario, stabilirne l'unico possibile fondamento. Così portare la croce di tutti gli uomini vuol dire, in primo luogo, accettare la condizione in cui Dio ci chiede di vivere, obbedire alle circostanze per le quali lui ci chiede di passare, attraversare le situazioni, magari complicate, nelle quali lui chiede il contributo della nostra persona. Se si vive ogni circostanza della vita come risposta alla chiamata di Dio può anche accadere, magari dopo molto tempo e dopo molta scuola, che si viva l'esperienza della dolcezza del giogo di Dio, che si scopra quanto può essere soave il carico che ci è chiesto di portare (cfr. *Matteo* 11,30).

A questo proposito è molto istruttiva la vicenda di Gedeone, che fu appunto uno dei giudici scelti dal Signore. La storia della sua vocazione, descritta nel sesto capitolo del libro dei Giudici, è preceduta dal racconto di ciò che stava succedendo a Israele: «*Gli Israeliti fecero ciò che è male agli occhi del Signore e il Signore li mise nelle mani di Madian per sette anni*» (*Giudici* 6,1). Si intuisce, anche solo da questo versetto, quanto fosse unitario, per Israele, il senso della propria storia. Troppo unitario, direbbe forse Gesù, il quale è più volte intervenuto per chiarire che non c'è un nesso diretto tra peccato e sciagura, come non c'è tra male e malattia, tra delitto e distruzione, tra crimine e disgrazia (si pensi per esempio alla guarigione del cieco nato, narrata nel nono capitolo del vangelo di Giovanni). Certo, ultimamente un legame c'è eccome, perché la morte è entrata nel mondo a causa del peccato dell'uomo, ma questo non significa che dietro ogni disgrazia ci sia necessariamente una colpa che ne costituisca causa diretta.

Il libro dei Giudici ci informa, dunque, che gli Israeliti non rimasero fedeli al Signore e per sette anni essi subirono la dominazione dei Madianiti. Certamente furono anni difficili: «*La mano di Madian si fece pesante contro Israele; per la paura dei Madianiti gli Israeliti adattarono per sé gli antri dei monti, le caverne e le cime scoscese*» (*Giudici* 6,2). Mi sembra un versetto molto significativo, perché mostra come l'allontanamento da Dio porti alla distruzione non solo della vita personale, ma anche di quella sociale.

Continua poi il testo: «*Quando Israele aveva seminato, i Madianiti... venivano contro di lui, si accampavano sul terri-*

torio degli Israeliti, distruggevano tutti i prodotti del paese... e non lasciavano in Israele mezzi di sussistenza: né pecore, né buoi, né asini» (*Giudici* 6,3-4). Quanto sia amaro il frutto dell'allontanamento da Dio è una consapevolezza che matura lentamente nel popolo ebraico. Alla fine si tratta del più grande lascito che Israele ci porterà e che sarà raccolto soprattutto da sant'Agostino, ovvero la teologia della storia, il senso della storia, il senso del richiamo di Dio attraverso la storia.

«*Israele fu ridotto in grande miseria a causa di Madian e gli Israeliti gridarono al Signore*» (*Giudici* 6,6). Questa espressione aggiunge un elemento importante: se non ci fosse stata quella distruzione, non ci sarebbe stato il grido. Qui si vede tutta la grandezza del popolo d'Israele, che alla fine si accorge sempre del richiamo di Dio. Inizialmente magari è sordo, ottuso e ostinato, ma quando Dio, per sua estrema misericordia, lo castiga, finisce sempre per tornare a Lui, consapevole che l'unica sua forza consiste nell'amicizia di Jahvé. E Dio non rimane insensibile al grido d'aiuto del suo popolo prediletto: «*Quando gli Israeliti ebbero gridato a causa di Madian, il Signore mandò loro un profeta*» (*Giudici* 6,7-8). Dio non è mai sordo al grido dell'uomo; piuttosto è l'uomo che non sa rivolgersi a Dio, perché non sa più riconoscere in ciò che accade il Suo richiamo, e perché non si pone in un atteggiamento di vera domanda, non è disponibile ad accogliere la risposta di Dio comunque essa si manifesti. Troppo spesso l'uomo vive l'apparente lontananza del Signore nella distrazione e nella superficialità, o addirittura nella bestemmia e nell'imprecazione, e interpreta come maledizione il castigo di Dio, che è invece il segno estremo della sua misericordia.

Al grido di Israele, o almeno di quel resto di Israele che ancora è cosciente e domanda, Dio risponde suscitando i profeti. E come accade anche in tutto il corso della storia della Chiesa, raramente il profeta è soltanto un uomo che parla. Molto più sovente egli è un uomo che parla e agisce, che insegna *per verba et facta*. La sua funzione è quella di ridestare il popolo, risvegliarlo, riportarne la coscienza di fronte alla verità. Potremmo dire che il profeta è l'uomo scelto da Dio perché il suo popolo risusciti. Perciò la funzione del profeta, come dicevamo poco fa, è sempre una funzione di educazione e di governo.

La vocazione di Gedeone, similmente a quella di Abramo, è una vocazione paradigmatica, che racchiude in sé la struttura dell'evento di ogni vocazione.

Dice ancora il capitolo sesto del libro dei Giudici: «*Ora l'angelo del Signore venne a sedere sotto il terebinto di Ofra, che apparteneva a Ioas, Abiezerita; Gedeone, figlio di Ioas, batteva il grano nel tino per sottrarlo ai Madianiti. L'angelo del Signore gli apparve e gli disse...*» (*Giudici* 6,11-12). La vocazione non è mai semplicemente un suggerimento interiore, ma nasce sempre da circostanze esterne, che poco alla volta fanno maturare l'ipotesi di seguire Dio secondo una strada specifica. Si tratta di volti, di nomi, di fatti; si tratta di eventi ben determinati, riconducibili a un luogo preciso, a un'ora precisa, a circostanze precise. Anche le chiamate che possono sembrare improvvise non avvengono in realtà senza una trafila di esperienze precedenti che ne costituiscono una sorta di preparazione. San Paolo, per esempio, fu chiamato sulla strada di Damasco, e d'un tratto, lui che era un feroce persecutore del cristianesimo, ne divenne il più grande apostolo. Fu questione di un attimo, verrebbe da dire, ma non bisogna dimenticare gli avvenimenti precedenti. Perché la vocazione di Paolo, per esempio, non può essere compresa senza tener conto della sua presenza al martirio di santo Stefano.

Così, nel racconto della vocazione di Gedeone, ciò che

potrebbe sembrare lo strumento più diafano, impersonale ed etereo, vale a dire l'angelo del Signore, viene a sedere sotto il terebinto di Ofra. Quell'angelo è il suggerimento di Dio, la voce di Dio che va incontro all'uomo da lui prescelto. La Scrittura non dice semplicemente che l'angelo venne a sedere sotto un albero, ma parla di un albero in particolare, di un terebinto, anzi, di quel particolare terebinto che apparteneva a Ioas, l'Abiezerita.

Quando l'angelo gli apparve sotto il terebinto di Ofra, Gedeone, che era il figlio di Ioas, stava battendo il grano nella speranza di riuscire a sottrarlo ai Madianiti. Possiamo immaginare quanto il suo animo fosse occupato dalla meditazione sul destino del suo popolo. Probabilmente si stava domandando cosa avrebbero fatto i Madianiti, se avrebbero estinto completamente Israele, se sarebbe stato possibile resistere alla loro forza distruttiva. Forse si domandava anche se Dio sarebbe accorso in aiuto degli ebrei, e come lo avrebbe fatto, e attraverso chi, e quando. Dentro l'animo di Gedeone dobbiamo immaginare questo ribollire di pensieri, di interrogativi, di angosce e di speranze, altrimenti non capiremmo perché la risposta dell'uomo a Dio matura sempre dal di dentro di una storia. Pensiamo ad Andrea e Giovanni, i primi due apostoli. Nel vangelo di Marco si legge che Gesù, passando sulla riva del lago, disse loro: «*Venite, vi farò pescatori di uomini*», e subito i due lasciarono tutto e lo seguirono (cfr. *Marco* 1, 16-17). È chiaro che questa loro risposta, suggerita senz'altro dallo Spirito Santo e resa possibile dalla semplicità del loro animo, era anche l'esito di una serie di pensieri che continuamente attraversavano le loro menti e il loro cuore. Quante volte avevano sperato che qualcuno portasse una luce nuova nella loro vita, quante volte avevano intuito che fosse necessario rischiare, quante volte, infine, avevano meditato le profezie che annunciavano l'imminente arrivo del Messia...

Così, dentro il turbine delle sue domande e delle sue attese, l'angelo del Signore apparve a Gedeone. Gli disse: «*Il Signore è con te*» (*Giudici* 6, 12). Gedeone non poteva immaginare che quelle parole sarebbero risuonate nei secoli: «*Dominus vobiscum*», dice da duemila anni ogni sacerdote che celebra la Messa. Anche Maria si è sentita salutare con quella espressione magnifica e misteriosa: «*Dominus tecum - Il Signore è con te*» (*Luca* 1, 28). La presenza di Dio è l'inizio, il contenuto e la forza della vocazione. Senza di essa non c'è vocazione, perché la vocazione è esattamente la scoperta dell'alleanza, la scoperta di Dio che cammina al nostro fianco per permetterci di compiere ciò che Lui stesso ci chiede.

Alle parole dell'angelo Gedeone reagisce quasi immediatamente: «*Signor mio, se il Signore è con noi, perché ci è capitato tutto questo?*» (*Giudici* 6, 13). Egli dunque non tace, anzi, esterna tutto il ribollire delle domande che ha dentro e non nasconde neppure di essere giunto a pensare che Jahvé abbia abbandonato il suo popolo. Mi sembra un atteggiamento molto umano: di fronte a Dio, che in vari modi afferma di essere alleato della nostra vita, quasi subito, dopo i primi attimi di stupore esaltante, cominciano a nascere in noi le domande. Non necessariamente i dubbi, ma le domande, che esprimono anche la diversa maturità della nostra posizione umana. Pensiamo per esempio alla Madonna. Anche lei pone a Gabriele i suoi interrogativi, ma in modo ben diverso rispetto a quello di Gedeone. Lei domanda in quale modo sarebbe potuto accadere quanto l'angelo le aveva annunciato (cfr. *Luca* 1, 34), mentre Gedeone, che non è la Madonna, sembra rimanere un passo indietro. Egli non chiede come accadrà, ma perché non sia già accaduto, e domanda dove siano i prodigi che i padri avevano narrato dicendo: «*Il Signore non ci ha fatti forse uscire dall'Egitto?*» (*Giudici* 6,13). Tuttavia anche Gedeone, come la Madonna, non dubita. Semplicemente si chiede per quale ragione il popolo ebraico debba essere tanto duramente provato, quali siano i disegni di Dio, che cosa Egli voglia insegnare. Gedeone sa, o almeno intuisce, che il Signore parla anche attraverso il suo silenzio, la sua apparente lontananza, il suo apparente dormire. Viene in mente quella volta in cui Gesù si addormentò sulla barca, e le acque del lago si agitarono a causa della tempesta, al punto che la barca era ricoperta dalle onde. Allora i discepoli corsero a svegliarlo: «*Maestro, non t'importa che moriamo?*» (*Marco* 4,38). Ma Gesù non dormiva per disinteresse o noncuranza, bensì per aiutare gli apostoli a capire che era giunto il loro momento. Il suo dormire era un modo di insegnare, di svegliare i suoi amici, di manifestare il desiderio che attraverso di loro si ridestasse tutto Israele.

«*Allora il Signore si volse a lui e gli disse: "Va' con questa forza e salva Israele dalla mano di Madian".*» Di quale forza parla? Della forza stessa di Dio. Infatti aggiunge: «*Non ti mando forse io?*» (*Giudici* 6,14). Vuole dire a Gedeone che non c'è da aver paura, perché è Lui che lo manda, è Lui che lo ha scelto. Gedeone anche questa volta non dubita, ma continua a porre delle domande, quelle che sono sempre sulla bocca dei profeti: «*Signor mio, come salverò Israele? Ecco, la mia famiglia è la più povera di Manasse e io sono il più piccolo nella casa di mio padre*» (*Giudici* 6,15). È lo stesso copione che si ripeterà per il re Davide e per il profeta Geremia, e anche allora sarà evidente che Dio ama scegliere il più povero e il più piccolo. Non si tratta né di un caso né di una questione sociologica: Dio agisce in questo modo per eliminare sul nascere ogni possibile ambiguità, perché sia chiaro a tutti che è Lui la forza delle persone chiamate, è Lui la loro ricchezza, la loro sapienza, la loro intelligenza. Attraverso le persone da Lui scelte, è il Signore che agisce per la salvezza dell'uomo.

«Il Signore disse a Gedeone: "Io sarò con te e tu sconfiggerai i Madianiti come se fossero un uomo solo"» (*Giudici* 6, 16). Io sarò con te. Credo che la traduzione esatta sarebbe: «Io con te sono e con te sarò, continuerò a essere con te in ogni istante». Del resto Dio è Colui che si chiama "Io Sono" (cfr. *Esodo* 3,14).

Alla rassicurazione del Signore, Gedeone replica ancora: *«"Se ho trovato grazia ai tuoi occhi, dammi un segno che proprio tu mi parli. Intanto, non te ne andare di qui prima che io torni da te e porti la mia offerta da presentarti". Rispose: "Resterò finché tu torni". Allora Gedeone entrò in casa, preparò un capretto e con un'efa di farina preparò focacce azzime; mise la carne in un canestro, il brodo in una pentola, gli portò tutto sotto il terebinto e glielo offrì. L'angelo di Dio gli disse: "Prendi la carne e le focacce azzime, mettile su questa pietra e vèrsavi il brodo". Egli fece così. Allora l'angelo del Signore stese l'estremità del bastone che aveva in mano e toccò la carne e le focacce azzime; salì dalla roccia un fuoco che consumò la carne e le focacce azzime e l'angelo del Signore scomparve dai suoi occhi. Gedeone vide che era l'angelo del Signore e disse: "Signore, ho dunque visto l'angelo del Signore faccia a faccia!". Il Signore gli disse: "La pace sia con te, non temere, non morirai!". Allora Gedeone costruì in quel luogo un altare al Signore e lo chiamò Signore-Pace»* (*Giudici* 6, 17-24). Gedeone vide nel fuoco il segno che il suo sacrificio, cioè l'offerta della sua vita, era stata gradita a Dio. Nella presenza del Signore avvertì la possibilità di una vera pace, e nelle sue parole sentì la promessa dell'eternità.

La vocazione di Gedeone descrive ogni vocazione. In particolare essa permette di vedere che ogni vocazione è un momento dell'alleanza: Dio suscita uomini che ripropongano la sua alleanza come contenuto della storia, come possibilità di salvezza, come strada alla verità. Se Dio chiama alcuni, se si rivolge direttamente a loro, se li sceglie in modo particolare, ciò avviene perché Egli vuole richiamare all'alleanza tutto il popolo. Il giudice, il profeta, l'uomo di Dio, diventano suscitatori di alleanza cominciando a viverla in prima persona, accettando di corrispondere alla chiamata del Signore, iniziando a vivere ogni istante come rapporto con il Mistero.

In tutte queste persone scelte da Dio emerge la sproporzione tra la piccolezza dell'uomo e la grandezza del compito cui Dio chiama, al punto che ognuna di loro, come Gedeone, potrebbe lecitamente domandare: «*Signor mio, come salverò Israele?*» (*Giudici* 6, 15). Ma la loro forza è la forza di un Altro, è la forza di Dio che si rende loro compagno: «*Va' con questa forza... Io sarò con te*» (*Giudici* 6, 14.16). Così Gedeone si scopre capace di cose impensabili, e il suo cuore si riempie di una sicurezza nuova, di una nuova fiducia, di una nuova, inattaccabile pace.

Capitolo 3

FIN DAL GREMBO MATERNO: MOSÈ, SANSONE, SAMUELE

Mosè

Molte storie di chiamata dell'Antico Testamento presentano elementi che le rendono simili fra loro, come delle costanti che si ripetono in tempi e luoghi diversi, rivelando che esse scaturiscono da un movimento analogo.

Anzitutto la chiamata di Dio è quasi sempre preceduta da un allontanamento dell'uomo, da un suo moto di ribellione e di infedeltà, da una sua dimenticanza. Di fronte a esse Dio si impietosisce e – per impedire che l'allontanamento diventi definitivo – chiama qualcuno. Normalmente l'azione di Dio viene sollecitata dal grido degli ultimi fedeli, dall'implorazione di un piccolo resto di uomini giusti, ultimo barlume di coscienza di un popolo inerte. In risposta alle loro preghiere, ed è un'altra caratteristica che si ripete con costanza, Dio chiama persone deboli, trascurabili, provenienti da famiglie non ricche né autorevoli. Questo, lo abbiamo già notato, è dovuto a un disegno ben preciso: Dio, che per agire nella storia si serve degli uomini, vuole mostrare che è Lui stesso ad agire, a suscitare, a dare forza.

Guardiamo alla storia di Mosè. Egli era un bambino destinato alla morte, poiché sua madre, per obbedire alla legge del faraone, avrebbe dovuto ucciderlo subito dopo averlo dato alla luce. Invece lo tenne nascosto per tre mesi, poi lo mise dentro un cesto di papiro e lo depose in mezzo ai giunchi, sulla riva del Nilo. Il Signore volle che il piccolo fosse trovato dalla figlia del faraone, la quale ne ebbe compassione, lo raccolse, e cercò una donna che lo allattasse e se ne prendesse cura. Poi, quando il bambino fu cresciuto, lo prese con sé e lo considerò come un figlio. Fu lei a chiamarlo Mosè, che significa "salvato dalle acque". È un nome molto appropriato, poiché Mosè è davvero un uomo salvato fin dalla nascita, ed egli vive palesemente, evidentemente per volere di Dio. Mosè, destinato a diventare salvatore, è innanzitutto un salvato. Dio lo salva dalle acque del Nilo perché egli possa un giorno liberare il popolo d'Israele attraverso le acque del Mar Rosso.

Nei primi anni della sua vita Mosè non poteva nemmeno sospettare che Dio lo avrebbe coinvolto in una missione tanto speciale. Ma un giorno, mentre pascolava le pecore, Egli fece irruzione nella sua vita, cominciando a introdurlo nel grande compito che gli era riservato. Da quel giorno iniziò a condurlo lungo strade inattese, meravigliose e insieme terribili.

L'incontro con Dio, l'esperienza del roveto ardente, fu per Mosè in primo luogo la scoperta della sacralità di Dio. Del resto non può che essere così, perché la percezione della vocazione contiene necessariamente l'esperienza di una distanza da Dio: l'uomo si rende conto della propria piccolezza di fronte a Lui che è grande e potente, percepisce la propria meschinità, si domanda come potrà corrispondere alla chiamata del suo creatore. Ma Dio rassicura sempre, perché Egli è fedeltà che si comunica, che a sua volta rende capaci di ulteriore fedeltà.

Racconta il terzo capitolo del libro dell'Esodo: «*Mosè stava pascolando il gregge di Ietro, suo suocero, sacerdote di Madian, e condusse il bestiame oltre il deserto e arrivò al monte di Dio, l'Oreb. L'angelo del Signore gli apparve in una fiamma di fuoco in mezzo a un roveto. Egli guardò ed ecco: il roveto ardeva nel fuoco, ma quel roveto non si consumava*» (*Esodo* 3,1-2). C'è, in questo racconto, un elemento apparentemente contraddittorio con quanto abbiamo visto ripercorrendo la vicenda di Gedeone. Abbiamo notato, infatti, che l'angelo del Signore è apparso a Gedeone in una condizione di vita molto comune, molto quotidiana, mentre egli stava battendo il grano, e abbiamo detto che Dio, per rivelarsi all'uomo, usa le circostanze più normali della vita. A Mosè sembra invece accadere il contrario, perché la teofania sul monte Oreb è grande e solenne, avviene dentro lo sfavillare delle fiamme di un cespuglio che brucia senza consumarsi. Ma non dobbiamo trascurare un particolare: se è vero che Dio manifesta la sua presenza in modo vistoso e potente, è anche vero che Egli si mostra nel roveto mentre Mosè sta pascolando il gregge, mentre svolge la normale attività cui si dedicava tutti i giorni. Scopriamo così qualcosa del metodo utilizzato da Dio per entrare in dialogo con noi: Egli si comunica nella quotidianità della nostra esperienza normale e si comunica nella solennità di momenti particolari. Non c'è contraddizione, perché ciò che rende solenni certi momenti normali, molto prima che il cambiamento delle circostanze esteriori, è ciò che accade all'interno della persona.

«*Il roveto ardeva nel fuoco, ma quel roveto non si consumava*» (*Esodo* 3,2). Quanto più mi soffermo a meditare questa immagine tanto più capisco che essa descrive realmente Dio nella sua radicale differenza da noi. Perché in noi tutto ciò che è passione consuma, ci consuma, mentre in Dio la passione non consuma Lui e non consuma neppure coloro ai quali si rivolge. Anzi, la passione di Dio riscalda, vivifica, illumina. Infatti Mosè, colpito da quei ramoscelli che bruciano senza esaurirsi, capisce che in quel luogo dev'esserci qualcosa di profondamente santo e misterioso: «*Pensò: "Voglio avvicinarmi a vedere questo grande spettacolo: perché il roveto non brucia?". Il Signore vide che si era avvicinato per vedere e lo chiamò dal roveto, e disse: "Mosè, Mosè!". Rispose: "Eccomi!"*» (*Esodo* 3,3-4). Ecco un'altra costante delle vocazioni bibliche: Dio, per suscitare la risposta della libertà, chiama l'uomo per nome. La vocazione infatti non è mai generica, ma sempre personale, singolare. È una sfida che Dio rivolge a una persona ben precisa, senza possibilità di equivoci.

Poi il Signore continua: «*Non avvicinarti! Togliti i sandali dai piedi, perché il luogo sul quale tu stai è una terra santa!*» (*Esodo* 3,5). La sacralità del luogo deriva dalla santità di Dio, ed Egli sottolinea la propria intangibilità, vuole che Mosè capisca la grandezza inviolabile di Colui che gli sta parlando. Ma immediatamente, potremmo dire nello stesso tempo, afferma che l'incommensurabilmente santo non è distante dal suo popolo, bensì, al contrario vicino, presente alla sua storia. Infatti aggiunge: «*Io sono il Dio di tuo padre, il Dio di Abramo, il Dio di Isacco, il Dio di Giacobbe*» (*Esodo* 3,6). Sembra voler ricordare a Mosè fino a quale punto sia giunta la sua implicazione col popolo d'Israele, fino a quale punto Egli si sia compromesso.

«*Io sono il Dio di Abramo, di Isacco e di Giacobbe.*» Poco dopo, rispondendo a una precisa domanda di Mosè, il Signore presenterà se stesso con un'altra espressione: «*Io-sono*» (cfr. *Esodo* 3,14). È importante cogliere il parallelismo tra questi due nomi. L'espressione *Io-sono* vuol dire: «Io sono Colui che è fedele, Colui che sceglie, Colui che manda, Colui che accompagna, Colui che suscita dei capi nel suo popolo, Colui che rimane al fianco di coloro che sceglie». È lo stesso significato della prima espressione: «*Io sono il Dio di Abramo, di Isacco e di Giacobbe*».

«*Io-Sono mi ha mandato a voi... Il Signore, il Dio dei vostri padri, il Dio di Abramo, il Dio di Isacco, il Dio di Giacobbe mi ha mandato a voi. Questo è il mio nome per sempre*» (*Esodo* 3, 14-15). Dio identifica Se Stesso con l'essere con noi. *Io-sono* vuol dire *Io sono il Dio di Abramo, il Dio di Isacco, il Dio di Giacobbe*; *Io-sono* vuol dire: «Io sono fedele a ciò che ho iniziato, Io sono presente a ogni istante della vita di ciò che ho suscitato».

Nella vocazione di Mosè ritorna un altro tema sul quale già ci siamo soffermati a proposito di Gedeone, cioè l'implicazione sociale della chiamata. Dio infatti dice a Mosè: «*Ho osservato la miseria del mio popolo in Egitto e ho udito il suo grido a causa dei suoi sorveglianti; conosco infatti le sue sofferenze. Sono sceso per liberarlo dalla mano dell'Egitto e per farlo uscire da questo paese verso un paese bello e spazioso, verso un paese dove scorre latte e miele*» (*Esodo* 3, 7-8). Ogni vocazione è una vocazione sociale, ogni vocazione è carica di responsabilità verso gli uomini, anzitutto verso quelli del popolo cui si appartiene.

In Mosè sorge allora un'obiezione simile a quella avanzata da Gedeone: «*Chi sono io per andare dal faraone e per far uscire dall'Egitto gli Israeliti?*» (*Esodo* 3, 10). Anche questa volta la risposta di Dio è perentoria: «*Io sarò con te*» (*Esodo* 3, 12). Similmente Gesù dirà ai suoi discepoli: «*Io sono con voi tutti i giorni, fino alla fine del mondo*» (*Matteo* 28, 20), e in un'altra occasione: «*Non abbiate paura di ciò che dovrete dire, lo Spirito vi suggerirà ogni cosa*» (cfr. *Matteo* 10, 19).

Sansone

Come la vita di Mosè lascia trapelare fin dal suo inizio una particolare predilezione da parte di Dio così anche la vicenda di Sansone, ultimo dei giudici, rivela da subito, già dal momento della nascita, la presenza operante del Signore. Egli agisce con lungimiranza, disegnando pazientemente il cammino degli uomini da Lui scelti come speciali attori del suo piano di salvezza. Perciò la vita di Sansone, fin dai suoi albori, è segnata da elementi particolari di consacrazione. Essa, in un certo modo, anticipa la venuta di Colui che il Padre ha consacrato in modo eminente, vale a dire la venuta di Cristo. Del resto Dio, attraverso l'elezione dei patriarchi, dei profeti, dei giudici e dei re, non fa che preparare da lontano la sua rivelazione definitiva in Cristo Gesù.

La storia di Sansone è raccontata nel libro dei Giudici a partire dal capitolo tredicesimo. L'inizio di questo capitolo non ci sorprende: «*Gli Israeliti tornarono a fare quello che è male agli occhi del Signore e il Signore li mise nelle mani dei Filistei per quarant'anni*» (*Giudici* 13,1). È quasi un ritornello continuo: gli uomini sono infedeli all'alleanza, compiono il male e si allontanano da Dio, e allora Dio permette che essi sperimentino le conseguenze del loro male. Non per abbandonarli, ma perché il loro cuore si converta.

Segno che Dio non abbandona il suo popolo è il fatto che Egli continuamente suscita delle persone che siano occasione di riscossa per tutti. Il Suo sguardo si rivolge verso un uomo della famiglia dei Daniti, chiamato Manoach: sarà lui il padre del liberatore. Certo sembra una scelta strana, poiché la moglie di Manoach «*era sterile e non aveva mai partorito*» (*Giudici* 13,2). Ma nulla è impossibile a Dio. Del resto tutta la storia d'Israele è segnata dalla presenza di donne sterili che ottengono da Dio la grazia di un figlio. Pensiamo a Sara, moglie di Abramo e madre di Isacco, oppure a Rebecca, che con Isacco generò Giacobbe, o ancora a Elisabetta, madre di Giovanni Battista. Dio vuole che appaia chiaro che i figli di queste donne sterili sono nati per suo volere, sono suoi, consacrati a Lui. Infatti a ognuno di loro chiederà qualcosa di particolare. Il miracolo della loro nascita prepara nel cuore di Israele la nascita di Gesù, nato da una donna che non conosceva uomo (cfr. *Luca* 1,34).

L'angelo del Signore apparve dunque alla moglie di Manoach e le disse: «*Ecco, tu sei sterile e non hai avuto figli, ma concepirai e partorirai un figlio. Ora guardati dal bere vino o bevanda inebriante e dal mangiare nulla d'immondo. Poiché ecco, tu concepirai e partorirai un figlio, sulla cui testa non passerà rasoio, perché il fanciullo sarà un nazireo consacrato a Dio fin dal seno materno*» (*Giudici* 13,3-5). Dio vuole riservare interamente per sé le persone che chiama, vuole che la loro vita gli sia totalmente dedicata. Così Sansone è consacrato a Dio fin dal grembo materno, e nessun cibo impuro lo nutrirà. I suoi capelli non saranno mai tagliati, segno dell'elezione di Dio e della risposta dell'uomo, dell'amore appassionato del Signore e della dedizione del servo, della sua appartenenza, della sua consacrazione. In quei capelli sta tutta la potenza di Sansone, il suo gigantesco vigore, la sua incontenibile energia. Perché l'uomo di Dio non si regge per una forza propria, ma per la forza del Signore, che prima lo sceglie, e poi lo nutre, lo accompagna, lo sostiene.

Samuele

La vocazione di questo profeta è narrata nel primo libro di Samuele. La liturgia della Chiesa ripropone questo testo ad anni alterni, ed è talmente commovente che lo si legge ogni volta con frutto. Anche qui, come nel caso di Sansone, ci troviamo di fronte a una nascita che ha dello straordinario: «*C'era un uomo di Ramataim... chiamato Elkana...* [che] *aveva due mogli, l'una chiamata Anna, l'altra Peninna. Peninna aveva figli mentre Anna non ne aveva. Quest'uomo andava ogni anno dalla sua città per prostrarsi e sacrificare al Signore degli eserciti in Silo, dove stavano i due figli di Eli Cofni e Pincas, sacerdoti del Signore. Un giorno Elkana offrì il sacrificio. Ora egli aveva l'abitudine di dare alla moglie Peninna e a tutti i figli e le figlie di lei le loro parti. Ad Anna invece dava una parte sola; ma egli amava Anna, sebbene il Signore ne avesse reso sterile il grembo. La sua rivale per giunta l'affliggeva con durezza a causa della sua umiliazione, perché il Signore aveva reso sterile il suo grembo*» (*1 Samuele* 1,1-6).

Ai nostri occhi Anna sembra una donna umiliata, trascurata da Dio prima ancora che dagli uomini. La sua sterilità pare la prova tangibile della maledizione che grava su di lei, e per questo ella è svillaneggiata e abbandonata da tutti. Ma questo è soltanto ciò che appare, è il livello al quale si fermano coloro che non sanno vedere, che non credono, che non hanno speranza. Scendendo più in profondità scopriamo infatti quanto Dio le sia particolarmente vicino, fino a fare di lei una grande anticipazione della figura della Madonna. Certo, in Anna non c'è quella pienezza e quella potenza di Spirito Santo che troveremo in Maria, ma l'azione dello Spirito è comunque ben visibile.

Lo Spirito rivela la sua presenza anzitutto facendola pregare. Continua infatti il testo: «*Essa era afflitta e innalzò la preghiera al Signore, piangendo amaramente. Poi fece questo voto: "Signore degli eserciti, se vorrai considerare la miseria della tua schiava e ricordarti di me, se non dimenticherai la tua schiava e darai alla tua schiava un figlio maschio, io lo offrirò al Signore per tutti i giorni della sua vita e il rasoio non passerà sul suo capo". Mentre essa prolungava la preghiera davanti al Signore, Eli stava osservando la sua bocca. Anna pregava in cuor suo e si muovevano soltanto le labbra, ma la voce non si udiva; perciò Eli la ritenne ubriaca*» (*1 Samuele* 1,10-13).

Anche Eli, il sacerdote del tempio di Silo, la derideva, così come facevano il marito, i parenti e le amiche. Per quale ragione Dio può condurre coloro che Egli chiama fino a un punto di solitudine così estrema? Per condurre la loro anima a fare l'esperienza di Dio come unico sostegno della vita: «*Le disse Eli: "Fino a quando rimarrai ubriaca? Liberati dal vino che hai bevuto!". Anna rispose: "No, mio signore, io sono una donna affranta e non ho bevuto né vino né altra bevanda inebriante, ma sto solo sfogandomi davanti al Signore*» (*1 Samuele* 1,14-15).

Eli rimase colpito dalle parole di Anna. Le rispose: «*Va' in pace e il Dio d'Israele ascolti la domanda che gli hai fatto*» (*1 Samuele* 1,16). Così effettivamente avvenne: Anna concepì un figlio, lo diede alla luce e gli diede il nome di Samuele, perché, diceva, «*dal Signore l'ho impetrato*» (*1 Samuele* 1,20). Poi, quando il bimbo fu svezzato, ella volle mantenere il suo voto, e lo portò proprio lì, nel tempio di Silo, perché diventasse sacerdote di Dio: «*Per questo fanciullo ho pregato e il Signore mi ha concesso la grazia che gli ho chiesto. Perciò anch'io lo do in cambio al Signore: per tutti i giorni della sua vita egli è ceduto al Signore*» (*1 Samuele* 1,27-28).

Eli aveva due figli naturali che si chiamavano Cofni e Pincas. La Bibbia li descrive in termini molto chiari: «*Erano uomini depravati; non tenevano in alcun conto il Signore, né la retta condotta dei sacerdoti verso il popolo*» (*1 Samuele* 2,12-13). Il padre aveva speso tutta la sua vita per educarli, ma essi lo deludevano in continuazione e approfittavano della loro condizione per compiere ogni sorta di nefandezze contro gli uomini e contro Dio. Invece Samuele serviva il Signore con fedeltà. Presto Eli capì che i progetti di Dio erano diversi da suoi, e che la continuità della sua opera non sarebbe stata garantita da Cofni e Pincas, ma da Samuele, figlio di Anna. Così agisce il Signore, attraverso strade imprevedibili, seguendo piani che non coincidono con i nostri.

«*In quel tempo Eli stava riposando in casa, perché i suoi occhi cominciavano a indebolirsi e non riusciva più a vedere. La lampada di Dio non era ancora spenta e Samuele era coricato nel tempio del Signore, dove si trovava l'arca di Dio. Allora il Signore chiamò: "Samuele!" e quegli rispose: "Eccomi", poi corse da Eli e gli disse: "Mi hai chiamato, eccomi!". Egli rispose: "Non ti ho chiamato, torna a dormire!". Tornò e si mise a dormire. Ma il Signore chiamò di nuovo: "Samuele!" e Samuele, alzatosi, corse da Eli dicendo: "Mi hai chiamato, eccomi!". Ma quegli rispose di nuovo: "Non ti ho chiamato, figlio mio, torna a dormire!". In realtà Samuele fino allora non aveva ancora conosciuto il Signore, né gli era stata ancora rivelata la parola del Signore*» (*1 Samuele* 3,2-7). È molto bella quest'ultima osservazione, perché ci fa capire che Samuele non è affatto un visionario. Egli sente veramente la voce di Eli, perché Dio, per farsi conoscere da lui, utilizza proprio quella voce. Dio parla infatti attraverso la voce degli uomini. Dopo si arriva a capire che è Lui stesso a parlare, ma prima occorre che ci siano degli uomini di Dio che aiutino il discernimento.

Fu necessario che Dio chiamasse Samuele per tre volte. Alla terza volta «*Eli comprese che il Signore chiamava il giovinetto e disse a Samuele: "Vattene a dormire e, se ti si chiamerà ancora, dirai: Parla, Signore, perché il tuo servo ti ascolta". Samuele andò a coricarsi al suo posto. Venne il*

Signore, stette di nuovo accanto a lui e lo chiamò ancora come le altre volte: "Samuele, Samuele!". Samuele rispose subito: "Parla, perché il tuo servo ti ascolta". Allora il Signore disse a Samuele: "Ecco io sto per fare in Israele una cosa tale che chiunque udirà ne avrà storditi gli orecchi. In quel giorno attuerò contro Eli quanto ho pronunziato riguardo alla sua casa, da cima a fondo. Gli ho annunziato che io avrei fatto vendetta della casa di lui per sempre, perché sapeva che i suoi figli disonoravano Dio e non li ha puniti. Per questo io giuro contro la casa di Eli: non sarà mai espiata l'iniquità della casa di Eli né con i sacrifici né con le offerte» (*1 Samuele* 3,8-14).

Dopo questo dialogo misterioso e terribile Samuele restò coricato fino al mattino seguente. Non sappiamo se riuscì ad addormentarsi o se trascorse la notte insonne. Sappiamo però – e non poteva essere altrimenti – che il mattino seguente non trovava il coraggio di raccontare a Eli ciò che il Signore gli aveva predetto. Ma Eli lo chiamò: «*"Samuele, figlio mio". Rispose: "Eccomi". Proseguì: "Che discorso ti ha fatto? Non tenermi nascosto nulla. Così Dio agisca con te e anche peggio, se mi nasconderai una sola parola di quanto ti ha detto". Allora Samuele gli svelò tutto e non tenne nascosto nulla. Eli disse: "Egli è il Signore! Faccia ciò che a lui pare bene". Samuele acquistò autorità poiché il Signore era con lui, né lasciò andare a vuoto una sola delle sue parole. Perciò tutto Israele, da Dan fino a Bersabea, seppe che Samuele era stato costituito profeta del Signore. In seguito il Signore si mostrò altre volte a Samuele, dopo che si era rivelato a Samuele in Silo, e la parola di Samuele giunse a tutto Israele come parola del Signore*» (*1 Samuele* 3,16-21).

Capitolo 4

LA PAROLA CHE NASCE DAL SILENZIO: I PROFETI

Prima di vedere più da vicino la vocazione di alcuni personaggi che ritengo particolarmente significativi, vorrei provare a delineare le caratteristiche di un profeta. Sicuramente possiamo anzitutto dire che profeta è colui che parla al posto di un altro, colui che testimonia quanto gli è stato detto da un altro, quanto ha imparato da un altro. Nella storia di Israele, in particolare, il profeta è l'uomo scelto da Dio per portare la sua parola a tutto il popolo, e quindi per risvegliare il popolo dalla distrazione e dall'infedeltà. Il profeta è chiamato a ricordare a tutti che Jahvé è l'unica salvezza, che a Lui conviene ed è necessario affidarsi, perché Egli è un Dio buono, che non abbandona il povero che grida, ma lo ascolta e lo libera da tutte le angosce (cfr. *Salmo* 34,7). Il profeta è una presenza che rimanda a Dio, è il segno di Dio in mezzo al popolo. Non comunica pensieri propri, ma trasmette quanto gli è stato insegnato.

Come è possibile che ciò si realizzi? Come può un uomo trasmettere i pensieri di Dio, i suoi desideri, i suoi giudizi? Occorre che si immedesimi con Colui di cui è comunicatore, occorre che viva una vicinanza col Signore. Altrimenti finirebbe senz'altro per tradire il suo compito, perseguendo la propria gloria personale invece che quella del Signore. Non per niente Gesù dirà: «*Guardatevi dai falsi profeti che vengono a voi in veste di pecore, ma dentro sono lupi rapaci*» (*Matteo* 7,15). Occorre dunque che il profeta stia permanentemente alla scuola di Dio, per imparare ogni giorno di più il suo sguardo, per entrare, se così possiamo dire, nella sua stessa esperienza. Per questo, come ho provato a esporre altrove[1], è sommamente necessario che il profeta viva l'esperienza della preghiera e del silenzio. Preghiera e silenzio permettono al profeta di attingere alla fonte che origina ciò che egli è chiamato a dire, facendo sì che le sue azioni e le sue parole affondino le radici in Dio. È un insegnamento molto importante per ognuno di noi, soprattutto se ci ricordiamo che, in quanto battezzati, siamo chiamati a essere testimoni di Cristo di fronte a tutto il mondo.

Certo, per poter amare il silenzio occorre che cominciamo a farlo; occorre che cominciamo a ritagliare, nell'ambito delle nostre giornate, del tempo per la preghiera, per il raccoglimento, per il dialogo con Dio. Può essere utile aiutarsi con la recita del rosario, o con la lettura delle vite e degli scritti dei santi, oppure con la lettura della storia della Chiesa. All'inizio può sembrare difficile, o addirittura sbagliato, perché il silenzio implica una rinuncia, un tagliar fuori, un abbandonare. Ma è necessario che sia così, in quanto l'uomo non può slegarsi dalla corporeità, e per poter entrare in un certo spazio, deve prima uscire da un altro. Poi, poco alla volta, ci si accorge di entrare letteralmente in un altro mondo, o meglio, in un'altra visione del mondo, dove nulla è perduto, ma tutto è ritrovato sotto una luce più nuova e più vera. Vivendo il silenzio si diventa non visionari, ma vedenti, perché si impara a cogliere aspetti che prima era impossibile percepire. So-

[1] Cfr. M. CAMISASCA, *Terra e cielo*, Cantagalli, Siena 2006, pp. 65-72.

prattutto ci si scopre capaci di aderire a qualunque cosa secondo uno sguardo che non è più quello umano, ma è quello di Dio.

Israele ha espresso questo movimento con l'entrare nel tempio per vedere il Suo volto; quindi con un cammino verso l'alto, con il pellegrinaggio verso Gerusalemme, che infatti anche nei salmi è sempre frutto di un'ascesa. Quando ci si trova in alto si vede di più. L'immagine del pellegrinaggio verso Gerusalemme e dell'ingresso nel tempio indica il movimento con cui si lascia una terra per entrare in un'altra, movimento grazie al quale si diventa capaci di guardare in modo diverso tutte le terre. Thomas Eliot ne *I cori della rocca* ha sintetizzato bene questa dinamica, scrivendo che «*dove non c'è tempio, non vi sono dimore*»[2]. Intendeva dire che dove manca il silenzio tutto perde importanza e a nulla si riconosce valore reale. Ecco perché le vocazioni, in particolare quelle profetiche, sono spesso collocate nel tempio, e precisamente nella stanza che precede il *Sancta Sanctorum*, cioè nel luogo dove si realizza la più alta intimità fra l'uomo e il Mistero: perché la vocazione può essere percepita soltanto quando l'uomo abita col suo Dio, quando matura un rapporto veramente personale e profondo col Mistero.

Entrare nel tempio non vuol dire semplicemente accedere a un luogo fisico, architettonico, ma coincide con l'entrare nella verità di Dio, e perciò nella verità di se stessi. «*In te ipsum hominum habitat veritas*», dice Agostino[3]. Entrare nel tempio di Dio significa entrare nel luogo in cui si manifesta la verità della vita.

2 Cfr. T.S. Eliot, *Cori da «La Rocca»*, BUR, Milano 1994, p. 65.
3 Agostino d'Ippona, *De vera religione*, XXXIX, 72.

Isaia

«*Nell'anno in cui morì il re Ozia, io vidi il Signore*». La vocazione di Isaia, raccontata nel sesto capitolo del libro che porta il suo nome, ha una collocazione temporale molto precisa, come se l'autore volesse chiarire fin dall'inizio che la sua narrazione non è per nulla frutto di fantasia o immaginazione. In un tempo ben definito, dunque, vale a dire nell'anno in cui il re Ozia morì, al giovane Isaia apparve il Signore. Egli gli si mostrò, in tutta la sua potente maestà, proprio all'interno del tempio: «[Stava] *su un trono alto ed elevato, i lembi del suo manto riempivano il tempio*» (*Isaia* 6, 1). La grandezza della visione è rimarcata dalla presenza degli angeli che inneggiano alla magnificenza di Dio: «*Attorno a lui stavano dei serafini... Proclamavano l'uno all'altro: "Santo, santo, santo è il Signore degli eserciti. Tutta la terra è piena della sua gloria"*» (*Isaia* 6,2-3). Scopriamo così che gli angeli accompagnano sempre le manifestazioni del Signore. Essi, per fare un esempio pertinente alla nostra vita di tutti i giorni, sono presenti a ogni celebrazione eucaristica, perché l'ostia consacrata è la presenza reale di Cristo. Anche la più lontana, isolata, solitaria celebrazione della messa, avviene dunque alla presenza di milioni di angeli adoranti.

Gli angeli che Isaia vede hanno sei ali. Due di esse servono loro per volare, mentre con le altre quattro si coprono la faccia e i piedi, perché non si può guardare Dio e restare in vita, e davanti a ciò che è sacro bisogna essere pieni di pudore.

La chiamata di Isaia ci insegna che la posizione giusta dell'uomo di fronte al Mistero è il timore di Dio. I libri sapienziali ne parlano più volte: «*Corona della sapienza è il timore del Signore*» (*Siracide* 1,16); «*Initium sapientiae timor Domini – L'inizio di una posizione giusta nella vita è il timore di Dio*» (cfr. *Proverbi* 1,7). Il timore di Dio non è la paura di Dio, ma la percezione, carica di rispetto e adorazione, della sua santità, della sua grandezza, della sua inarrivabile sapienza. Il timore di Dio, dunque, è la posizione dell'uomo di fronte a un Tu che riconosce essere infinito, immenso, incommensurabile e che gli chiede di seguirlo, di entrare in una dimensione nuova della vita. Così si comprende il grido di Isaia: «*Ohimè! Io sono perduto, perché un uomo dalle labbra impure io sono e in mezzo a un popolo dalle labbra impure io abito*». Non è la paura a farlo gridare, ma la scoperta della santità di Dio, la percezione del proprio nulla di fronte al tutto di Dio. Tuttavia, dentro l'incontrovertibile esperienza della propria piccolezza, Isaia ha una certezza che non può più essere cancellata: «*Eppure i miei occhi hanno visto il Signore degli eserciti*» (*Isaia* 6,5). Sa di essere scelto, e perciò di non essere più un nulla.

«*Allora uno dei serafini volò verso di me; teneva in mano un carbone ardente che aveva preso con le molle dall'altare. Egli mi toccò la bocca e mi disse: "Ecco, questo ha toccato le tue labbra, perciò è scomparsa la tua iniquità e il tuo peccato è espiato"*» (*Isaia* 6,6-7). Il tempio è il luogo dell'incontro con Dio e perciò il luogo della purificazione. Stare di fronte a Dio, infatti, significa acquistare una nuova direzione per tutte le energie del proprio essere. Certo, rimangono le tentazioni e i peccati, ma quello che conta è che tutte le fibre del nostro essere acquisiscono una nuova direzione, si mettono a servizio del regno di Dio. Anche le tentazioni e i peccati diventano utili per la nostra umiliazione, e diventano perciò strumenti di conversione.

La purità è l'atteggiamento dell'uomo che si pone al servizio del regno di Dio con tutto se stesso. Non è un caso che il dialogo prosegua proprio in questo modo: «*Udii la voce del Signore che diceva: "Chi manderò?". E io risposi: "Eccomi, manda me!"*» (cfr. *Isaia* 6, 8). Occorre che liberiamo queste parole da qualsiasi romanticismo, perché la risposta che Isaia dà al Signore non descrive l'atto eroico di un momento particolare, ma una decisione della libertà che ogni uomo è chiamato a prendere ogni giorno. La disponibilità non è vera se non è rinnovata ogni mattina, ogni ora, ogni minuto.

In che cosa consiste la missione del profeta? Come già detto consiste nel risvegliare il popolo, affinché Dio anticipi il tempo del perdono: «*Egli disse: "Va' e riferisci a questo popolo: Ascoltate pure, ma senza comprendere, osservate pure, ma senza conoscere"*» (*Isaia* 6, 9). Il popolo ascolta, ma non comprende. È fuori dal tempio, ha misconosciuto la sua origine e la sua missione, è lontano dal Signore. Capirà soltanto quando Dio lo risveglierà attraverso le prove sopportate da una piccola parte del popolo, da un ceppo santo, per citare l'espressione usata alla fine di questo sesto capitolo (cfr. *Isaia* 6, 13). Il compito del profeta è quello di risvegliare intorno a sé questo ceppo santo. Il ceppo è ciò che rimane dell'albero quando è stato tagliato, quindi è il punto da cui l'albero rinasce.

«*Io dissi: "Fino a quando, Signore?". Egli rispose: "Finché non siano devastate le città, senza abitanti, le case senza uomini e la campagna resti deserta e desolata"*» (*Isaia* 6, 11). Il richiamo di Dio deve essere forte, perché forte è il sonno del popolo ebraico, la dimenticanza, la distrazione. Israele non sa più vedere il richiamo di Dio. Non accade lo stesso anche oggi? Eppure tutti si scandalizzano quando qualcuno si permette di domandare se nelle grandi disgrazie che colpiscono l'umanità non ci sia forse un richiamo di Dio. Penso alle guerre, alle alluvioni, alle malattie...

Nessuno può dire che un uomo che abbia contratto l'Aids sia stato necessariamente colpito per colpe sue, ma certamente non si sbaglia dicendo che quando l'uomo si allontana da Dio va sempre incontro a conseguenze terribili. È l'estremo tentativo di Dio che prova a riprenderci, ma spesso il suo richiamo cade nel vuoto, non viene compreso, viene equivocato. Un possibile equivoco, come ho già avuto modo di dire, sta nel fatto che si stabilisca un nesso diretto tra colpa e castigo, come se la malattia fosse conseguenza diretta di un male compiuto. Invece, dialogando con il profeta Isaia, il Signore mostra che dentro una circostanza come la malattia c'è un insegnamento.

«*Il Signore scaccerà la gente e grande sarà l'abbandono nel paese. Ne rimarrà una decima parte, ma di nuovo sarà preda della distruzione come una quercia e come un terebinto, di cui alla caduta resta il ceppo. Ma il ceppo sarà progenie santa*» (*Isaia* 6,12-13). L'autore dice che persino i superstiti, un decimo dell'intera popolazione, dopo l'abbandono del paese saranno distrutti, fino a ridursi alla centesima parte del popolo, o addirittura la millesima. Ma questo piccolo resto d'Israele costituirà il ceppo per la crescita della nuova generazione, sarà il punto a partire dal quale l'intero popolo rifiorirà.

Geremia

Dopo Isaia, Geremia apre una nuova profondità nella coscienza della vocazione, la stessa profondità che si trova nei salmi, nella figura di san Paolo e nei grandi santi della storia della Chiesa.

«[A Geremia] *fu rivolta la parola del Signore al tempo di Giosia figlio di Amon, re di Giuda, l'anno decimoterzo del suo regno*» (*Geremia* 1,2). Anche in questo caso si nota come l'autore sacro sia sempre preoccupato di collocare in un preciso momento la vocazione, di chiarirne tempi, modalità e circostanze. Proprio a differenza di altri scritti di altre religioni chi ha narrato la storia di Israele si è sempre preoccupato di sottolineare la storicità del rapporto tra l'uomo e il Mistero. Non si tratta di fantasie create dall'uomo, non si tratta di immaginazioni o di miti, si tratta di eventi storicamente accaduti. C'è in questo una stretta similitudine con la vita del singolo: ognuno di noi, guardando il proprio percorso, può riandare con la memoria alle tappe precise in cui Dio gli si è manifestato, in un volto amico, in una parola chiara, nella precisione di un richiamo.

«*Mi fu rivolta la parola del Signore: "Prima di formarti nel grembo materno, ti conoscevo, prima che tu uscissi alla luce, ti avevo consacrato; ti ho stabilito profeta delle nazioni"*» (*Geremia* 1,4-5). Dio dice a Geremia che lo conosceva prima di formarlo nel grembo materno, secondo un'espressione che si trova anche nei salmi (cfr. *Salmo* 22,11; 71,6). Vuol dire che è Dio che ha voluto quell'uomo, e solo Dio avrebbe potuto volerlo, perché solo Lui poteva conoscerlo prima che nascesse e perciò consacrarlo prima che venisse al mondo. Se per l'uomo la consapevolezza del significato della propria vita è un cammino che si dipana passo dopo passo, e che non avviene senza dubbi e contraddizioni, non così accade per Dio. Per Lui noi abbiamo un solo volto, una sola vocazione. Per rispetto alla nostra libertà accetta che noi la scopriamo lentamente, come zigzagando, ma Lui ci ha consacrati prima che noi venissimo alla luce.

«*Risposi: "Ahimè Signore Dio, io non so parlare, perché sono giovane"*» (*Geremia* 1,6). Si ritrova, come reazione alla chiamata di Dio, una risposta dettata dal dubbio, dalla paura, dallo stupore, o ancora, come può avvenire nelle anime più sensibili, dalla scoperta della propria indegnità o incapacità. Geremia sottolinea la propria giovane età, come a significare che non si sente sufficientemente preparato per un compito quale quello che gli è proposto, anzi, che non è preparato affatto. Ma il Signore non dà peso alle sue obiezioni, e replica: «*Non dire: sono giovane, ma va' a coloro a cui ti manderò e annunzia ciò che io ti ordinerò*» (*Geremia* 1,7). Egli invita dunque Geremia a non fare dei propri limiti la scusa per rifiutarsi di seguirlo. Poi prosegue: «*Non temerli, perché io sono con te per proteggerti*» (*Geremia* 1,8). La presenza di Dio è il tema ricorrente di ogni suo mandato, è la ragione, la forza e il contenuto stesso della vocazione.

«*Il Signore stese la mano, mi toccò la bocca*» (*Geremia* 1,9a). La bocca è lo strumento principale del profeta, e oggi del sacerdote. Il sacerdote è chiamato anzitutto a una missione di annuncio, e attraverso le parole che pronuncia può, come dice Jahvé a Geremia, demolire ed edificare, distruggere e piantare (cfr. *Geremia* 1,10). Il gesto di Dio, che tocca la bocca del profeta, è dunque la dimostrazione di come Egli faccia di tutto per preparare alla missione. «*Il Signore stese la mano, mi toccò la bocca e mi disse: "Ecco, ti metto le mie parole sulla bocca"*» (*Geremia* 1,9). Da parte sua l'uomo inviato dal Signore deve rispondere con tutta la sua libertà all'opera di preparazione che si compie in lui. Dio prepara continuamente suggerendo le parole da dire, ma bisogna essere in ascolto del suo Spirito. L'ascolto dello Spirito, per noi che siamo uomini e viviamo perciò nella carne, è il frutto di un lavoro di studio, di meditazione, di preparazione. È frutto, come abbiamo detto, del silenzio e della preghiera.

Ezechiele

Anche la vocazione di Ezechiele avviene in un momento ben preciso della storia. Il libro che porta il suo nome e ne racconta la storia in prima persona, comincia infatti con questa narrazione: «*Il cinque del quarto mese dell'anno trentesimo, mentre mi trovavo fra i deportati sulle rive del canale Chebàr, i cieli si aprirono ed ebbi visioni divine. Il cinque del mese – era l'anno quinto della deportazione del re Ioiachìn – la parola del Signore fu rivolta al sacerdote Ezechiele figlio di Buzì, nel paese dei Caldei, lungo il canale Chebàr. Qui fu sopra di lui la mano del Signore... Mi disse: "Figlio dell'uomo, alzati, ti voglio parlare". Ciò detto, uno spirito entrò in me, mi fece stare in piedi e io ascoltai colui che mi parlava*» (*Ezechiele* 1,1-3.2,1-2).

Nei versetti precedenti agli ultimi due, alla fine del primo capitolo, l'autore biblico aveva detto: «*Sopra il firmamento che era sulle loro teste apparve come una pietra di zaffiro in forma di trono e su questa specie di trono, in alto, una figura dalle sembianze umane. Da ciò che sembrava essere dai fianchi in su, mi apparve splendido come l'elettro e da ciò che sembrava dai fianchi in giù, mi apparve come di fuoco. Era circondato da uno splendore il cui aspetto era simile a quello dell'arcobaleno nelle nubi in un giorno di pioggia. Tale mi apparve l'aspetto della gloria del Signore. Quando la vidi, caddi con la faccia a terra e udii la voce di uno che parlava*» (*Ezechiele* 1,26-28). Dalla descrizione di questa visione si comprende, senza possibilità di dubbio, che Colui che parla a Ezechiele è Dio. Occorre trattare con il massimo riguardo la parola che Egli ci rivolge, occorre averne il massimo rispetto. Questa è una delle ragioni della preziosità del silenzio. Dio infatti non è nella confusione, come dimostra la vicenda di un altro profeta, Elia, al quale Dio non si manifestò nei lampi, nei tuoni, o nel vento impetuoso, ma nella delicatezza di una brezza leggera (cfr. *1 Re* 9-14). Dio parla nel silenzio. È un insegnamento da tenere in grande considerazione soprattutto quando il cuore è turbato, quando vorremmo reagire agli attacchi, rispondere, farci giustizia in ciò che sembra sbagliato. Lasciamo piuttosto che il nostro cuore si plachi, entriamo nel silenzio, lasciamo che il silenzio prenda possesso di noi. Facciamo come ha fatto Ezechiele, che cadde con la faccia a terra. Allora potremo ascoltare la voce del Signore che ci parla.

«Mi disse: "Figlio dell'uomo, io ti mando agli Israeliti, a un popolo di ribelli, che si sono rivoltati contro di me. Essi e i loro padri hanno peccato contro di me fino ad oggi"» (*Ezechiele* 2,3). L'intendimento di Dio è sempre dettato dall'amore verso il suo popolo. Per questo Egli suscita le vocazioni, per rianimare tutto il popolo. Dio non chiama mai una persona per se stessa, ma sempre avendo come orizzonte la salvezza di tutto Israele.

«Quelli ai quali ti mando sono figli testardi e dal cuore indurito. Tu dirai loro: Dice il Signore Dio. Ascoltino o non ascoltino – perché sono una genìa di ribelli – sapranno almeno che un profeta si trova in mezzo a loro. Ma tu, figlio dell'uomo non li temere, non aver paura delle loro parole; saranno per te come cardi e spine e ti troverai in mezzo a scorpioni; ma tu non temere le loro parole... Tu riferirai loro le mie parole, ascoltino o no, perché sono una genìa di ribelli. E tu, figlio dell'uomo, ascolta ciò che ti dico e non esser ribelle come loro; apri la bocca e mangia ciò che io ti do» (*Ezechiele* 2,4-8). Il risanamento delle labbra, vale a dire la purificazione della vita, non avviene tramite il fuoco, come è stato per Isaia, bensì attraverso l'atto del mangiare, come è accaduto a Geremia. È un'immagine molto preziosa perché indica che il profeta ha continuamente bisogno di essere alimentato, ed è solo Dio che può farlo. Quale stupenda anticipazione dell'eucaristia si mostra in questo episodio!

«Mi disse: "Figlio dell'uomo, mangia ciò che hai davanti, mangia questo rotolo... che ti porgo". Io lo mangiai e fu

per la mia bocca dolce come il miele. Poi egli mi disse: "Figlio dell'uomo, va', recati dagli Israeliti e riferisci loro le mie parole» (*Ezechiele* 3,1-4). Non è possibile parlare in nome di Dio se non si accetta di essere prima alimentati da Lui. E non basta nemmeno che le sue parole siano sulle nostre labbra: esse devono essere dentro di noi, devono essere digerite, mangiate e digerite. Per potere annunciare Cristo bisogna avere consuetudine con Lui.

Il mandato divino si chiude poi con un'immagine stupenda. Il Signore dice infatti a Ezechiele: «*Figlio dell'uomo, ti ho posto come una sentinella per la casa d'Israele. Quando sentirai dalla mia bocca una parola, tu dovrai avvertirli da parte mia. Se io dico al malvagio: Tu morirai! e tu non lo avverti e non parli perché il malvagio desista dalla sua condotta perversa e viva, egli, il malvagio, morirà per la sua iniquità, ma io domanderò conto a te della sua morte*» (*Ezechiele* 3,16-18). Dio chiama il profeta a essere una sentinella per la casa di Israele. La sentinella è colei che non dorme, colei che rimane sveglia, colei che vigila affinché gli altri possano lavorare e riposare. La sentinella è colei che rimane con lo sguardo fisso verso l'orizzonte. Scruta lontano, e se vede avvicinarsi il nemico, prontamente grida l'allarme, e sveglia tutti quelli che dormono, mettendoli in guardia di fronte al pericolo.

Giovanni Battista

Giovanni Battista è l'ultimo profeta dell'Antico Testamento. Gesù parlò di lui come del più grande tra i nati da donna (cfr. *Luca* 7,28). E davvero c'è in lui qualcosa di grandioso, qualcosa che rimane per sempre, come in Abramo, in Mosè, in Davide, in Geremia... La storia del popolo di Dio, che oggi perdura nella Chiesa, è fatta di grandi uomini cui sono accaduti eventi personali che non passano. La loro vita ha lasciato qualcosa che è destinato a durare nei secoli, un patrimonio di esperienza attraverso la quale è bene che passi ognuno di noi, perché contiene un'anticipazione del segreto di noi stessi.

Che cosa rimane del Battista, vertice dell'antica, nella nuova alleanza? Anzitutto il senso del tempo come preparazione, preparazione a una missione personale e preparazione alla manifestazione di Cristo, del volto di Colui che è il cuore di ogni cosa e di ogni persona. Non c'è profeta al quale non sia chiesto di prepararsi, non soltanto una volta, da giovane, ma sempre, all'inizio di ogni giornata e di ogni azione. Prepararsi vuol dire prendere coscienza della propria missione, fare memoria della chiamata di Dio, senza la quale la vita perde ogni valore. Il Battista si è preparato nel deserto, cioè nel silenzio, nell'essenzialità. Nel deserto, a poco a poco, ha potuto capire che tutta la sua esistenza, come una freccia scoccata verso un obiettivo lontano ma chiaro, tendeva al momento in cui avrebbe detto: «*Ecco l'Agnello di Dio*», permettendo ad alcuni, ai primi, di seguire Gesù (cfr. *Giovanni* 1,36ss). Il silenzio e l'attesa hanno maturato la statura del Battista, di colui che è stato scelto per preparare l'inizio del nuovo popolo, per essere un ponte di passaggio dall'antico e passeggero al nuovo ed eterno.

Solo nel silenzio si sviluppa la profondità di una vera posizione missionaria. Infatti è nella povertà e nell'assenza di rumori del deserto che il Battista ha preso coscienza della propria relatività a Gesù, ha preso coscienza cioè del valore ultimo della sua esistenza, del compito grandissimo che gli era affidato. Tutta la sua vita è stata spesa per affermare la grandezza di un altro: «*Dopo di me, viene uno più forte di me, al quale non sono degno neppure di sciogliere i legacci dei sandali*», disse a coloro che si facevano battezzare sulle rive del Giordano, e usò un'espressione molto chiara, poiché il compito di slacciare i sandali era riservato all'ultimo degli schiavi (cfr. *Marco* 1,7). Quando i sacerdoti che gli domandarono se fosse lui il messia, Giovanni rispose senza indugio: «*Non lo sono... Io sono la voce di uno che grida nel deserto: Preparate la via del Signore*» (cfr. *Giovanni* 1,21-23).

Davvero non si capirebbe nulla della vita del Battista se si cancellasse il suo rapporto con Gesù, il suo essere per Gesù. Egli sapeva di essere chiamato a preparare la strada del Figlio di Dio e ogni istante della sua vita fu pervaso da questa coscienza. Lo dimostrò chiaramente anche in un'altra occasione, quando i suoi discepoli, scandalizzati, gli riferirono che molti avevano smesso di seguirlo per andare dietro a Gesù. Lui non si rattristò per nulla, e spiegò: «*Ora la mia gioia è compiuta... Egli deve crescere e io invece diminuire*» (cfr. *Giovanni* 3,29-30).

Nell'esperienza del Battista si manifesta con grande evidenza una verità che, inizialmente, può apparire scomoda e perfino ripugnante, ma che con il passare degli anni si rivela l'unica vera saggezza e l'unica fonte di duratura consolazione e pace nella vita. Mi riferisco al fatto che la nostra vita si iscrive in un disegno di cui noi non siamo gli autori, essendo opera di una paternità provvidente, che è il Padre stesso. Questa verità è stata vissuta in modo supremo da Gesù, sempre, in ogni istante, fin da quando aveva dodici anni e disse ai suoi genitori: «*Non sapete che devo dedicarmi alle cose del Padre mio?*» (*Luca* 2,49). Tutta la sua vita cosciente è stata questo. Pensiamo alla volta in cui disse: «*Mio cibo è fare la volontà di Colui che mi ha mandato*» (*Giovanni* 4,34), alle lunghe notti passate in preghiera, allo sguardo che portava sulle cose e sulle persone. Pensiamo alla sua passione, al modo in cui abbracciò la croce, alle parole che pronunciò prima di morire: «*Padre, nelle tue mani consegno il mio spirito*» (*Luca* 23,46). Quando risorse poté dire finalmente compiuta la sua opera nella rivelazione del Padre: «*Sono uscito dal Padre e sono venuto nel mondo; ora lascio di nuovo il mondo, e vado al Padre*» (*Giovanni* 16,28).

Il Battista ha parlato di se stesso come dell'amico dello sposo (cfr. *Giovanni* 3,29). Il significato di questa espressione è importante anche per noi, perché definisce il compito di tutti i cristiani. L'amico dello sposo, infatti, è colui che porta in braccio la sposa, la sera delle nozze, verso la casa dello sposo, e anche noi siamo chiamati a realizzare l'incontro dello sposo con la sposa, cioè l'incontro di Cristo con l'umanità. Siamo chiamati a portare gli uomini verso Cristo e Cristo verso gli uomini, poiché, per il battesimo che abbiamo ricevuto, «*siamo partecipi della missione profetica di Cristo*»[4]. Per questo, come i profeti di Israele, occorre che ci poniamo in ascolto della voce di Dio, che ricerchiamo ogni giorno il suo volto, che domandiamo di vederlo. L'esperienza del rapporto desiderato e vissuto con Lui, ci renderà testimoni appassionati di Cristo, e della sua vergine sposa, la Chiesa, con cui Egli celebra ogni giorno le nozze sulla terra e nel cielo.

[4] Cfr. *Catechismo della Chiesa Cattolica*, Libreria Editrice Vaticana, Città del Vaticano 1999, n. 1268.

Capitolo 5

PER TUTTI GLI UOMINI: L'ELEZIONE DEGLI APOSTOLI

Si può dire che i vangeli siano interamente un racconto di vocazioni. Anzitutto sono il racconto della vocazione di Gesù, del suo essere mandato dal Padre e del suo rispondere positivamente alla sua volontà. La vita privata e la vita pubblica di Gesù, infatti, non sono altro che il dispiegarsi di questa risposta, fino al completamento ultimo, fino al compiersi della sua storia terrena come ritorno al Padre. Lo riassume compiutamente l'inizio del capitolo tredicesimo del vangelo di Giovanni: «*Gesù, sapendo che era giunta la sua ora di passare da questo mondo al Padre, dopo aver amato i suoi che erano nel mondo, li amò sino alla fine... sapendo che il Padre gli aveva dato tutto nelle mani e che era venuto da Dio e a Dio ritornava*» (*Giovanni* 13, 1-2).

Poi i vangeli sono la descrizione delle vocazioni che Gesù ha suscitato. In tutta la sua vita, infatti, Egli ha sempre realizzato degli incontri personali, e anche quando parlava alle folle, si rivolgeva direttamente a ciascuno dei presenti, come se parlasse soltanto per lui, riuscendo a risvegliare in ciascuno la coscienza del proprio essere. I vangeli sono la descrizione dell'azione di Gesù che cerca la risposta di ogni singola persona, sono il racconto di questo suo movimento verso l'uomo, capace di creare intorno alla sua persona dei cerchi concentrici sempre più precisi e definiti. C'è il cerchio più esterno, più generico e indistinto, che è il cerchio delle folle che accorrono immediatamente a Lui. Matteo, all'inizio del suo vangelo, si prende cura di descrivere questa marea di persone che si radunano da tutte le regioni, non semplicemente dai paesi circostanti (cfr. *Matteo* 5,25). Già nei primi giorni della sua predicazione, infatti, Gesù si impone, conquista l'attenzione della gente, fa sì che si parli di lui, e una sorta di passaparola raccoglie attorno alla sua persona decine e poi centinaia di persone provenienti da città, classi sociali, educazioni differenti.

Il primo cerchio delle folle assomiglia a uno sterminato campo di grano agitato dal vento, che si muove secondo il soffiare della brezza. Così, a seconda dei periodi, o addirittura delle diverse ore di uno stesso giorno, Gesù si trova osannato e subito dopo vilipeso, creduto e sospettato, adorato e abbandonato. Le moltitudini che fanno calca intorno a Gesù sono talvolta affascinate da Lui e talvolta deluse, talvolta colme di speranza e talvolta sconfortate, talvolta esaltate e talvolta abbattute. Un gesto le conquista, un gesto le disperde. Gesù paragonerà queste persone a delle pecore senza pastore (cfr. *Matteo* 9,36), poiché esse sono capaci di lasciare tutto, le famiglie, gli amici, il lavoro, per correre intorno a Lui dovunque Egli parli, ma non sono capaci di seguirlo quando la sua proposta non coincide con le loro aspettative. Cercano Gesù, come riconoscendo di non avere nulla se non Lui, come identificando in Lui l'ultima possibilità per la loro vita, ma non si compromettono fino al punto di abbandonare se stessi per affidarsi a ciò che hanno incontrato. Eppure anche questa schiera immensa e indifferenziata, non è per Gesù una massa anonima. Egli è capace di scrutare ogni singolo volto, è capace di chiamare, di sfidare, di mettere in movimento. E molte persone accettano di cambiare vita ascoltando le sue parole. Come il centurione, che cerca Gesù per scongiurarlo di guarire il suo servo. Gesù, dopo averlo ascoltato, dice a quelli che erano con lui: «*In verità vi dico, presso nessuno in Israele ho trovato una fede così grande*» (*Matteo* 8, 10). O come la povera vedova che getta due spiccioli nel tesoro del tempio. Vedendola, Gesù si commuove: «*Questa vedova ha gettato nel tesoro più di tutti gli altri. Poiché tutti hanno dato del loro superfluo, essa invece, nella sua povertà, vi ha messo tutto quello che aveva, tutto quanto aveva per vivere*» (*Marco* 12, 43-44).

Dal cerchio indifferenziato – ma non anonimo – della folla si distingue un cerchio più interno, quello dei discepoli. Sono una settantina di persone, scelte da Gesù in mezzo al mondo e da Lui inviate a due a due in ogni luogo dove stava per recarsi (cfr. *Luca* 10, 1). Fra le migliaia di persone che accorrevano ad ascoltarlo, Gesù scelse dunque un gruppo più ristretto. Non erano pochissimi, ma comunque in numero tale che fosse possibile conoscere i loro nomi, le loro famiglie, le loro storie. Probabilmente erano persone che continuavano ad abitare nelle proprie case mantenendo tuttavia con Gesù un rapporto continuo, e che riuscivano a seguirlo lungo tutto l'itinerario della sua vita. A questi settanta Gesù chiese di collaborare alla sua missione, ma non giunse ad affidare loro quelle responsabilità che riserverà invece a un cerchio più ristretto ancora, cioè al gruppo dei dodici apostoli. Questi sono uomini che Gesù chiama a una convivenza con sé ancora più stretta, persone alle quali chiede di distaccarsi completamente dal proprio lavoro e dalla propria famiglia per stare permanentemente con Lui. Gesù vuole che l'esperienza di convivenza continua dei dodici con Lui diventi fondamento della comunità futura. E in effetti quei pochi mesi passati insieme saranno l'origine di una costruzione millenaria, che si protenderà nella storia del mondo per i millenni successivi.

Gesù sceglie persone di ogni professione, di ogni classe e di ogni orientamento, perché vuole veramente costruire una casa per tutti. È chiaro, possiamo supporre che la maggioranza degli apostoli, se non la loro totalità, provenisse dal mondo ebraico, ma «*per quanto riguarda il modo di concepire la salvezza, erano diversissimi... Proprio in questa gamma di origini, di temperamento e di mentalità, i dodici personificano la Chiesa di tutti i tempi*»[1].

All'interno del gruppo dei dodici ci sono alcune colonne alle quali Gesù affida responsabilità particolari. Sono persone con le quali Egli stringe legami più intensi, in un movimento elettivo che rivela una strategia di governo e, se così possiamo chiamarla, una strategia degli affetti. Egli sa di dover affidare responsabilità di livelli diversi, alcune più generali, altre invece più specifiche, più segrete, più difficili da portare, più esigenti di un coinvolgimento personale diretto e profondo. L'affidamento di queste responsabilità più pesanti deve essere compensato, sorretto e addirittura originato da un'intimità affettiva più grande. Così, fra i dodici prediletti, c'è Giovanni, «*il discepolo che Gesù amava*» (*Giovanni* 19,26), al quale è chiesto un compito particolare nella Chiesa che nasce ai piedi della croce. E c'è Pietro, il discepolo da cui Gesù era amato di più, chiamato a pascere le pecorelle del Signore e a guidare la comunità cristiana.

Ci sono comunque dei legami affettivi e delle responsabilità che vanno oltre il collegio apostolico. Penso a Lazzaro, l'amico di Gesù, davanti alla cui tomba Egli si commosse profondamente (*Giovanni* 11,33). Oppure al-

1 BENEDETTO XVI, *Gesù di Nazareth*, Rizzoli, Milano 2007, pp. 213-214.

la Maddalena, cui Gesù è apparso per prima dopo la resurrezione, come a voler dire che la testimonianza della vittoria sulla morte è un compito che spetta a tutti i battezzati, non solo alla gerarchia della Chiesa.

L'itinerario del discepolato

Credo non sia sbagliato affermare che il vangelo di Matteo è la descrizione di un itinerario del discepolato: esso è costruito come una sorta di manuale che mostra come diventare discepoli di Gesù. Basti pensare al discorso delle beatitudini, che nel vangelo secondo Luca è rivolto a tutte le folle, mentre in quello di Matteo è rivolto ai discepoli: «*Vedendo le folle, Gesù salì sulla montagna e, messosi a sedere, gli si avvicinarono i suoi discepoli. Prendendo allora la parola, li ammaestrava*» (*Matteo* 5, 1-2). Chi è stato in Terra Santa sa bene che la collina delle beatitudini è un luogo molto affascinante, perché sembra realmente di vedere Gesù che parla, seduto in mezzo all'erba, con il lago sullo sfondo. In quel discorso Matteo inserisce una serie enorme di detti di Gesù a commento delle beatitudini, fino a fare del quinto capitolo del suo vangelo un vero e proprio *vademecum* del discepolo. Ma l'intero suo scritto ha lo scopo di indicare una traiettoria per chi voglia seguire Gesù come hanno fatto i dodici.

Per questa ragione vorrei ora ripercorrere alcuni passaggi del vangelo secondo Matteo a partire dal dodicesimo versetto del quarto capitolo, cioè dall'inizio della narrazione relativa alla vita pubblica di Gesù. L'evangelista, appena finito di parlare delle tentazioni nel deserto, scrive: «*Avendo intanto saputo che Giovanni era stato arrestato, Gesù si ritirò nella Galilea*» (*Matteo* 4, 6). Matteo stabilisce un legame molto chiaro fra l'inizio della vita pubblica di Gesù e la sua consapevolezza che il tempo della preparazione fosse finito. Giovanni Battista, il precursore, colui che doveva aprire la strada, ormai era stato tolto di mezzo: non c'era più tempo per l'indugio, la vita pubblica doveva iniziare e giungere a compimento. Sappiamo che Gesù era stato condotto dallo Spirito nel deserto della Giudea per essere tentato, e sappiamo che sempre in Giudea era avvenuto il battesimo, ma adesso Egli si ritira nella sua terra. Non va però ad abitare a Nazareth, dove è cresciuto, bensì a Cafarnao, presso il mare, nel territorio di Zabulon e di Neftali. In questo modo si avvicina alla zona dove vivono coloro che chiamerà a essere suoi discepoli, dato che nessuno dei dodici sarà scelto tra gli abitanti di Nazareth. Infatti, come ha detto lo stesso Gesù, nessuno è profeta nella propria patria, nemmeno Lui: gli abitanti di Nazareth non lo capiscono, trent'anni di vicinanza con Lui costituiscono per loro uno schermo insuperabile, la condivisione della sua umanità è divenuta un impedimento a scorgere la sua divinità. Lo diranno molto apertamente quando Gesù tornerà in visita da loro: «*Non è forse il figlio del carpentiere? Non è forse uno di noi? Chi pretende di essere?... E si scandalizzavano per causa sua*» (cfr. *Matteo* 13,53-58).

Per questo Gesù si sposta a Cafarnao, sulle rive del lago. Forse, dentro di sé, stava già immaginando la metafora dei pescatori che diventano pescatori di uomini: «*Mentre camminava lungo il mare di Galilea vide due fratelli, Simone, chiamato Pietro, e Andrea suo fratello, che gettavano la rete in mare, poiché erano pescatori. E disse loro: "Seguitemi, vi farò pescatori di uomini". Ed essi subito, lasciate le reti, lo seguirono. Andando oltre, vide altri due fratelli, Giacomo di Zebedèo e Giovanni suo fratello, che nella barca insieme con Zebedèo, loro padre, riassettavano le reti; e li chiamò. Ed essi subito, lasciata la barca e il padre, lo seguirono*» (*Matteo* 4,18-22).

Colpisce l'attenzione come Matteo collochi la chiamata dei primi quattro discepoli esattamente all'inizio della vita pubblica di Gesù. Dall'evangelista Giovanni sappiamo che Egli aveva chiamato alcuni precedentemente, sappiamo che li aveva chiamati lungo il Giordano: ma questo a Matteo non interessa, perché lui vuole mettere in luce anzitutto il fatto che Gesù si rivolge a quattro uomini che sono fratelli a due a due e che sono uniti dallo stesso lavoro, in quanto partecipano della stessa cooperativa di barche attive sul lago della Galilea. Matteo sottolinea dunque il fatto che Gesù, mentre si rivolge alla singola persona, si rivolge allo stesso tempo a una piccola comunità. Non sceglie persone isolate ma uomini presi assieme ad altri uomini, perché possano sostenersi tra loro nella loro nuova missione. C'è infatti una nuova vita da cominciare, occorre separarsi dalle barche, dal padre e dalle reti, occorre lasciare il lavoro per iniziare qualcosa di nuovo. Per questo Gesù desidera che i suoi primi discepoli siano uniti da un forte legame affettivo, basato non semplicemente sulla fratellanza di sangue o sulla comunanza di lavoro, ma sulla sequela a Lui.

Credo che l'elezione dei primi quattro discepoli contenga un'indicazione di metodo molto importante anche per la Chiesa di oggi: è sempre importante inserire le persone in un contesto di altre persone, non riferirle semplicemente alla figura che guida, si trattasse pure di una figura molto autorevole e carismatica. Perché, come Lui stesso mostra fin dall'inizio, il corpo di Gesù è più grande del suo corpo fisico.

Le diverse chiamate di Gesù ci indicano anche un altro principio fondamentale della vocazione, che è la gradualità. In Gesù essa si combina perfettamente con la decisione, senza mai ingenerare confusione. Egli infatti è sempre molto deciso nel richiamo, ma è anche assolutamente graduale nell'accoglienza della risposta progressiva della persona; indica con chiarezza la totalità della strada, ma accetta che questa strada sia percorsa pezzo per pezzo. Pensiamo alla chiarezza con cui indica ai primi discepoli il loro nuovo lavoro: «*Vi farò pescatori di uomini*». E, appena prima, alla determinazione con cui li invita a stare con Lui: «*Seguitemi*» (*Matteo* 4,19). Ma pensiamo anche alla sua fedeltà, alla sua capacità di perdono, alla sua disponibilità a ripetere. Come un padre che cresca i propri figli, certo del grande destino cui essi sono chiamati e insieme paziente nell'accompagnarli giorno dopo giorno, nel valorizzare i loro piccoli passi in avanti, nel rilanciarli nel cammino dopo le cadute.

Continuamente, lungo tutta la narrazione del vangelo, possiamo scorgere un movimento di Gesù che alterna momenti in cui cede alla richiesta delle folle ad altri in cui cerca di sottrarsi a esse, per poter stare da solo con i discepoli. Dice per esempio il capitolo ottavo: «*Vedendo Gesù una gran folla intorno a sé, ordinò di passare all'altra riva*» (*Matteo* 8,18). Anche Gesù ha dunque vissuto una problematica tipica di chi ricopre incarichi di responsabilità verso gli uomini, poiché anche Lui dovette capire quando era il caso di parlare a tutti, correndo il rischio di non incidere realmente su nessuno, e quando invece era più opportuno ritirarsi con un gruppo più piccolo, correndo il rischio di scontentare gli altri. Gesù ha accettato questa inevitabile dialettica. Talvolta, spinto dalla compassione, stava con le folle dei giorni interi, fino al punto di dimenticarsi di mangiare, fino a non riservare per sé nemmeno qualche ora per dormire. Altre volte cercava invece di fuggire, non tanto per riposare o risparmiare energie, quanto per rispondere alle necessità fondamentali di educare gli apostoli e pregare il Padre. Anche qui tocchiamo un punto vitale per la Chiesa di tutti i tempi. Chi ha responsabilità nella Chiesa non deve mai tralasciare la cura dei propri collaboratori e della preghiera. Pensiamo alla volta in cui Gesù, che stava parlando alle folle in parabole, paragonò il regno dei cieli a un uomo che ha seminato del buon seme nel suo campo (cfr. *Matteo* 13,24-43). La gente lo ascoltava rapita, e lui raccontò della zizzania che un nemico fece crescere in quello stesso campo; e disse anche che il padrone stranamente non volle raccoglierla, ma ordinò che la si lasciasse crescere fino al momento della mietitura. Immaginiamo la gente che pendeva dalle sue labbra, che seguiva ogni sua parola, fino alla fine, fino al punto in cui concludeva la parabola, raccontando di come il padrone ordinò ai mietitori di raccogliere la zizzania, di legarla in fasci e di bruciarla, mentre il grano veniva riposto ordinatamente nel granaio. Certamente saranno rimasti lì ad ascoltarlo senza fiatare, completamente conquistati, perché sentivano che si stava parlando di loro. E in ciascuno dei presenti quel paragone avrà assunto un'infinità di significati diversi, gettando una luce nuova sulla vita, sul bene, sul male, sulla giustizia di Dio. Ma quanti di loro saranno tornati a casa pensando di non aver capito, con la sensazione che qualcosa gli fosse sfuggito... Gesù non poteva rispiegare a tutti. Infatti congedò la folla e rientrò in casa. Allora «*i suoi discepoli gli si accostarono per dirgli: "Spiegaci la parabola della zizzania nel campo". Ed egli rispose*» (*Matteo* 13,36-37). Alcuni sono scelti, preferiti, chiamati in modo speciale. Non per chiudere la porta agli altri, bensì, al contrario, per permettere a tutti di avvicinarsi di più alle verità insondabili di Dio. Infatti, attraverso i dodici apostoli, Gesù ha potuto influire sulla storia di milioni e milioni di uomini. Così facendo Egli ci ha lasciato un'indicazione di metodo fondamentale dal punto di vista educativo: curare in modo particolare un cerchio ristretto di persone non significa tagliare fuori le altre. Al contrario, significa avere un tramite per raggiungere tutti. Certamente ci devono essere momenti in cui si parla a tutti, come faceva Gesù, ma occorrono anche occasioni per stare solamente con alcuni. La vita di un educatore si compone di una parola che egli rivolge a tutti e di una convivenza che egli vive con alcuni. D'altronde è impossibile convivere sempre con tutti ed è dunque necessario scegliere, chiamare, preferire. Ma la preferenza accordata ad alcuni, quando è vissuta con verità, educa quei pochi a una responsabilità verso tutti, diventa apertura verso tutti.

L'ingresso nella cerchia apostolica non avveniva senza una specie di test, che era un dialogo con Gesù sulla natura della missione e sulle rinunce e fatiche che essa comportava. Leggiamo ancora dal capitolo ottavo: «*Uno scriba si avvicinò e gli disse: "Maestro, io ti seguirò dovunque tu andrai"*» (*Matteo* 8,19). Il dialogo con questo personaggio è molto importante, perché rivela quanto Gesù conoscesse il cuore degli uomini e quanto sapesse penetrare nella profondità delle loro parole, ben al di là del loro aspetto esteriore. Egli vede infatti l'impurità nell'animo di questo scriba, non perché fosse falso il suo proposito di seguirlo, ma perché esso era fondato su ragioni non vere. Quando le ragioni non sono vere di conseguenza non sono neppure in grado di sopportare le difficoltà. Per questo Gesù, senza perdersi in giri di parole, pone davanti allo scriba le difficoltà della sequela a Lui: «*Le volpi hanno le loro tane e gli uccelli del cielo i loro nidi, ma il Figlio dell'uomo non ha dove posare il capo*» (*Matteo* 8,20). Gli fa capire che la decisione di seguirlo non può essere motivata dall'ambizione al successo o dal desiderio di comodità, bensì, al contrario, dalla volontà di perdere se stesso, accettando di servire un altro in qualunque luogo e in qualunque condizione.

«*Un altro dei discepoli gli disse: "Signore, permettimi di andar prima a seppellire mio padre". Ma Gesù gli rispose: "Seguimi e lascia i morti seppellire i loro morti"*» (*Matteo* 8,21-22). È una risposta dura, difficile da capire. Il dibattito sviluppato intorno a essa dagli esegeti non ha portato a conclusioni definitive. Probabilmente Gesù, nell'animo di quest'uomo che faceva parte della cerchia dei settanta discepoli e aspirava a entrare nel gruppo più ristretto, scorge un'ultima impurità di cuore. Forse la domanda relativa al seppellimento del genitore nascondeva l'interesse per una problematica molto più terrena, legata alla divisione dell'eredità, poiché la sepoltura di un cadavere doveva avvenire in presenza dei figli per permettere la divisione dei beni del defunto. Per questo Gesù taglia corto: «Lascia che i morti seppelliscano i loro morti». I morti sono coloro che si preoccupano dei soldi.

Il capitolo decimo del vangelo di Matteo contiene il discorso apostolico. Credo sia importante non disgiungerlo dai passi finali del capitolo precedente, che ne costituiscono un incipit determinante. Il capitolo nono si conclude infatti con queste note: «*Gesù andava attorno per tutte le città e i villaggi, insegnando nelle loro sinagoghe, predicando il vangelo del regno e curando ogni malattia e infermità*» (*Matteo* 9,35). Si nota l'enfasi dell'evangelista, che vuole sottolineare come Gesù desiderasse andare proprio in ogni singola città e in ogni singolo villaggio. L'accento è tutto sulla disponibilità di Gesù, sul suo spendersi totalmente di fronte alla miseria delle folle, sulla sua volontà di non risparmiarsi per raggiungere anche l'ultimo cuore. Andava nei luoghi dove la gente si radunava, andava nelle piazze e nelle sinagoghe, e dovunque annunciava che il regno di Dio era vicino. Come segno di questa vicinanza curava le malattie e le infermità.

Anche noi siamo chiamati a portare in mezzo agli uomini la testimonianza della vicinanza di Dio. Non sempre è possibile guarire nel senso letterale del termine, ma sempre si può portare una parola, uno sguardo, un segno. I cristiani sono chiamati a portare in mezzo agli uomini la speranza, la compassione verso l'uomo stanco e sfinito, il conforto che nasce dalla fede; sono chiamati a testimoniare che la vita ha un senso, perché Dio si è curvato su di essa per raccoglierla e guarirla.

Certamente Gesù, in quelle folle che gli correvano dietro quasi impazzite, pretendendo da lui tempo, ascolto, parole e miracoli, vedeva racchiusa l'intera umanità, tutta la storia del mondo. Non vedeva soltanto le persone che fisicamente gli stavano davanti, ma tutti i milioni di uomini e donne che, nei secoli, avrebbero avuto bisogno di Lui. Sapeva che tutti gli uomini, di tutti i tempi e di tutti i luoghi, lo cercavano. Sapeva che tutti erano e sarebbero stati stanchi e sfiniti, oppressi sotto l'apparente mancanza di senso della vita, sotto i dolori, le fatiche, i peccati. Per questo disse: «*La messe è molta, ma gli operai sono pochi*» (*Matteo* 9,37).

Probabilmente le parole di Gesù che Matteo fa confluire nel cosiddetto discorso apostolico non furono pronunciate in un'unica occasione, bensì in circostanze diverse. Però sono tutte parole rivolte da Gesù ai suoi discepoli in previsione delle problematiche che essi avrebbero incontrato nella loro attività missionaria. Come se Gesù avvertisse la debolezza di quel gruppo, come se ne sentisse la sproporzione di fronte al grande compito che gli era affidato, come se percepisse l'impotenza della Chiesa di fronte all'attesa degli uomini. Eppure sapeva che quei dodici costituivano l'inizio di una storia che avrebbe attraversato i secoli e che nessuna forza avrebbe mai potuto schiacciare.

«*Chiamati a sé i dodici discepoli, diede loro il potere di scacciare gli spiriti immondi e di guarire ogni sorta di malattie e d'infermità»* (*Matteo* 10, 1). Il primo potere che Gesù conferisce ai discepoli, il primo potere che Egli dona alla Chiesa, è il potere di scacciare Satana. Dove c'è Cristo non può esserci il demonio. La crescita del regno di Dio coincide dunque con la restrizione della signoria del diavolo, con la progressiva limitazione del suo dominio sul cuore degli uomini e sulla storia.

Se il regno di Satana è destinato alla distruzione, come segno anticipatore della sua sconfitta Gesù dà ai discepoli il potere di operare guarigioni. La malattia, infatti, è strettamente congiunta al peccato, che ne costituisce l'origine. Non perché, come abbiamo già detto, vi sia una relazione diretta tra il male compiuto e l'infermità, ma perché la sofferenza è entrata nel mondo come conseguenza del peccato originale. Con il peccato è entrata nel mondo la morte, e con lei anche le malattie e le infermità.

Il potere di guarire è un potere che gli apostoli eserciteranno nei primi tempi della Chiesa. Ci sono infatti dei doni che il Signore elargisce per la fondazione, doni particolari che sono necessari per l'inizio di una nuova comunità, di un nuovo istituto, della stessa Chiesa. Essi ne caratterizzano i primi anni di vita e poi, se permangono nel corso della storia, continuano in forma diversa.

Prosegue il decimo capitolo: «*Questi dodici Gesù li inviò dopo averli così istruiti...*» (*Matteo* 10,5). Non è possibile andare nel mondo senza essere istruiti. Così, come c'è un'istruzione di Gesù all'inizio della missione degli apostoli, c'è un'istruzione che Gesù, per mezzo dello Spirito Santo, lascia continuamente anche a noi, e noi dobbiamo essere attenti e aperti per saperla accogliere.

L'istruzione di Gesù ai dodici apostoli comincia in questo modo: «*Non andate fra i pagani e non entrate nelle città dei Samaritani; rivolgetevi piuttosto alle pecore perdute della casa di Israele*» (*Matteo* 10,5-6). Sono parole che possono suscitare in noi diverse domande. Di certo Gesù le ha pronunciate quando era ancora convinto che la sua missione dovesse riguardare soltanto Israele. Perché Matteo le ha lasciate, pur avendo la consapevolezza dell'universalità della salvezza? Probabilmente proprio per Israele, proprio per il popolo eletto, del quale, tra l'altro, lui stesso faceva parte. Credo infatti che Matteo, che si rivolgeva prevalentemente ai cristiani provenienti dall'ebraismo, abbia voluto lasciare nel suo testo queste parole affinché testimoniassero in modo chiaro la particolare responsabilità di Israele nei confronti di Gesù, e affinché attestassero che Egli, per raggiungere tutti, aveva l'intendimento preciso di rivolgersi agli ebrei, alle pecore perdute della casa d'Israele.

«*E strada facendo, predicate che il regno dei cieli è vicino*» (*Matteo* 10,7). In questa frase è riassunto il contenuto perenne dell'annuncio cristiano. Occorre toglie rvi la polvere depositata dal tempo e non ridurla a frase fatta, a stereotipo privo di significato reale. Annunciare che il regno dei cieli è vicino significa infatti testimoniare che Gesù è presente, attivo, prossimo all'uomo sia in senso geografico che in senso cronologico. Attraverso il suo Spirito Egli rende sempre presente la sua morte e la sua resurrezione, continuando a essere compagno del nostro cammino, sostegno nelle prove, sorgente inesauribile di speranza. Il regno dei cieli, come ha scritto benissimo il Papa nel suo libro su Gesù, è «*semplicemente Dio, cioè il Dio vivente, che è in grado di operare concretamente nel mondo e nella storia e proprio adesso sta operando*». Predicare che il regno dei cieli è vicino significa testimoniare che «*Dio agisce adesso, è questa l'ora in cui Dio, in un modo che va oltre ogni precedente modalità, si rivela nella storia come il suo stesso Signore, come il Dio vivente»*[2].

Poi Gesù dice: «*Gratuitamente avete ricevuto, gratuitamente date*» (*Matteo* 10, 8). Chi è mandato in mezzo agli uomini è un uomo libero, deve essere libero. La libertà, infatti, è una caratteristica fondamentale della missione. Libertà vuol dire non avere altro interesse se non quello di comunicare la sovrabbondanza che si è ricevuta. Gesù vede, come in un lampo, tutta la storia della Chiesa, vede chi vorrà agire per un tornaconto personale, chi cercherà la propria gloria, chi sarà missionario in modo non libero ma interessato. E ammonisce: «*Non procuratevi oro, né argento, né moneta di rame nelle vostre cinture, né bisaccia da viaggio, né due tuniche, né sandali, né bastone*» (*Matteo* 10, 9-10). Si tocca qui il tema della povertà, che, è bene dirlo subito, non è affatto un tema negativo. Gesù infatti non invita al pauperismo, alla rinuncia fine a se stessa, al sacrificio per il sacrificio. Egli richiama invece alla speranza, a essere certi che da Lui si riceve ciò che è necessario, «*perché l'operaio ha diritto al suo nutrimento*» (*Matteo* 10, 10). I discepoli sono perciò esortati alla vera povertà, che non consiste nel non possedere nulla, ma nell'usare tutto per l'ideale, per la missione, perché cresca la fede degli uomini e la gloria del Signore. In questo modo è possibile vincere la dipendenza dai beni terreni, perché ogni cosa è ordinata al suo vero scopo.

La povertà proposta da Gesù è dunque una strada verso la libertà. In questo senso vanno letti anche i passi in cui Egli invita i dodici a non farsi condizionare dal successo, dal riconoscimento degli uomini, dal plauso delle folle: «*Entrando in una casa, rivolgetele il saluto. Se quel-*

2 *Ibid.*, p. 79.

la casa ne sarà degna, la vostra pace scenda sopra di essa; ma se non ne sarà degna, la vostra pace ritorni a voi. Se qualcuno poi non vi accoglierà e non darà ascolto alle vostre parole, uscite da quella casa o da quella città e scuotete la polvere dai vostri piedi» (*Matteo* 10,12-14).

Gesù vede e colpisce i due rischi più gravi, vale a dire il pericolo di finire schiavi dei soldi e il pericolo di finire schiavi del consenso. Allora si capiscono meglio le sue parole successive: «*Ecco: io vi mando come pecore in mezzo ai lupi*» (*Matteo* 10,16). I lupi non sono tanto coloro che vogliono distruggere, quanto coloro che cercano di ricondurre l'altro al proprio progetto, che cercano di impossessarsene, di comprarlo con i loro soldi o con il loro consenso. A questo si riferisce anche il versetto 22: «*Sarete odiati da tutti a causa del mio nome*». Non sono parole sconsolate, ma realiste. Per questo Gesù raccomanda di essere «*prudenti come i serpenti e semplici come le colombe*» (*Matteo* 10,16). La prudenza dal serpente, secondo gli esegeti, sta nel fatto che questo animale nasconde la testa quando è assalito. Se salva la testa, il serpente lo sa, avrà salva anche la vita. La testa del serpente rappresenta dunque ciò che è essenziale nella vita. In un passo che abbiamo già citato, Gesù dirà: «*Non abbiate paura di quelli che uccidono il corpo, ma non hanno potere di uccidere l'anima; temete piuttosto colui che ha il potere di far perire e l'anima e il corpo nella Geenna*» (*Matteo* 10,28). D'altronde Egli guarda costantemente alla vita presente e futura della Chiesa, sa che stanno per cominciare periodi difficili, nei quali la comunità cristiana sarà avversata e combattuta: «*Vi consegneranno ai loro tribunali e vi flagelleranno nelle loro sinagoghe; e sarete condotti davanti ai governatori e ai re per causa mia, per dare testimonianza a loro e ai pagani*» (*Matteo* 10,17-18).

La persecuzione è presentata come condizione normale della missione: non per impaurire, ma per entrare in una visione più realistica che Gesù non ha timore di dettagliare. «*Accadrà così anche a me, non stupitevi che debba succedere anche a voi. Se hanno chiamato satana me, quanto più chiameranno satana voi. Ma non preoccupatevi, non avrete persecuzioni maggiori di quelle che ho subìto io. Il discepolo non è da più del maestro*» (*Matteo* 10,24-25). Subito dopo questa descrizione, però, forse cogliendo dello sgomento negli ascoltatori, Gesù aggiunge: «*Non temete*» (cfr. *Matteo* 10,26). Da dove mai proviene il coraggio che Egli riesce a infondere nei cuori dei discepoli? Da dove mai proviene il suo stesso coraggio, da dove scaturisce la forza che gli consente il sacrificio di sé fino alla morte di croce? L'origine del coraggio di Gesù sta nel suo rapporto con il Padre. Egli sa che nulla accade senza che il Padre lo voglia, e sa che attraverso le persecuzioni il Padre può conoscere il cuore dei suoi figli: «*Chi dunque mi riconoscerà davanti agli uomini, anch'io lo riconoscerò davanti al Padre mio che è nei cieli*» (*Matteo* 10,32). Il Padre, attraverso la prova, tempra i cuori e ne rivela la fedeltà. È facile sussurrare «Ti amo» all'amato quando ci si trova in riva a un bel laghetto, dinanzi al tramonto, nel silenzio della sera. Ma quella frase ha tutto un altro spessore quando arrivano le difficoltà. Nei momenti di fatica, quel «Ti amo» assume un valore più grande, è più vero, più radicato, più profondo. Per questo Dio vuole che la nostra risposta al suo amore sia messa alla prova. «*Non sono venuto a portare pace, ma una spada*», dice Gesù (*Matteo* 10,34). Il suo affetto per noi è molto esigente. Egli desidera che ci pronunciamo per Lui anche di fronte agli affetti umani più cari: «*Chi ama il padre o la madre più di me non è degno di me; chi ama il figlio o la figlia più di me non è degno di me*» (*Matteo* 10,37). D'altronde l'amore per Lui al di sopra di ogni cosa è l'unica possibilità di dare un fondamento reale a qualunque altro affetto. Se amassimo nostro padre, nostra madre o i nostri figli più di Lui non solo non ameremmo abbastanza il Signore, ma non ameremmo neppure nostro padre, nostra madre e i nostri figli. Perché diventerebbero per noi degli idoli, perderemmo la coscienza del loro vero essere, li ridurremmo a ciò che a noi interessa di loro. Questa è un'indicazione importante non solo per i missionari, che sono chiamati a vivere anche molto lontani dalla famiglia e dagli amici, ma per tutti gli uomini. La radicalità che Gesù esige dai suoi è l'unica possibilità per amare davvero le persone che ci sono vicine. Lui lo ha detto molto chiaramente: «*Chi avrà trovato la sua vita, la perderà: chi avrà perduto la sua vita per causa mia, la troverà*» (*Matteo* 10,39).

Perdere la vita per Gesù non significa gettarla via, bensì darle una nuova fondazione, trasformarla, farla nascere di nuovo. Fino all'identificazione di se stessi con Gesù, anzi, addirittura con il Padre: «*Chi accoglie voi accoglie me, e chi accoglie me accoglie Colui che mi ha mandato*» (*Matteo* 10,40).

Parte Seconda

DISPONIBILITÀ

Capitolo 1

IL FUOCO CHE BRUCIA I NOSTRI LIMITI

Ripercorrendo le vocazioni dell'Antico e del Nuovo Testamento, lo abbiamo notato più volte, si scopre che Dio non chiama a compiti e mandati particolari in considerazione delle capacità umane, bensì, al contrario, in maniera che risulti evidente che è Lui ad agire, è Lui a operare attraverso l'azione dell'uomo, è Lui a iniziare, proseguire e portare a compimento. Per questo chiama senza badare alle abilità e ai limiti, quasi prendendosi gioco delle valutazioni umane, quasi divertendosi a ribaltare i nostri progetti e le nostre misure. Sembra volerci insegnare che tutte le forze che abbiamo in realtà non sono nostre, e ce lo insegna in ogni momento, poiché noi lo dimentichiamo di continuo. Gesù lo aveva detto molto chiaramente ai suoi discepoli: «*Senza di me non potete fare nulla*». E subito prima, in termini positivi: «*Chi rimane in me e io in lui, fa molto frutto*» (*Giovanni* 15,5).

Dobbiamo allora porci una domanda: se la nostra capacità viene da Dio, in cosa consiste il nostro compito, qual è la nostra responsabilità? A noi è chiesto di accogliere la grazia di Dio, di riconoscere e accettare il suo movimento verso di noi. Ci è chiesto di aprire il nostro cuore all'iniziativa di un Altro, di appoggiarci a un Altro, di «*rimanere*» in un Altro.

Per questo è necessaria la preghiera, perché senza reale apertura al Signore, non c'è possibilità di energia vera nella vita. Sant'Agostino ha paragonato l'uomo a un sacchetto chiuso, e ha detto che dobbiamo aprire il sacchetto perché l'aria possa entrare: quanto più dilateremo il sacchetto, tanto più l'aria, cioè lo Spirito di Dio, riempirà le nostre esistenze[1]. La preghiera è proprio la dilatazione del nostro cuore e della nostra mente affinché Dio possa entrare nella nostra vita. Non esiste un'altra strada per sfondare il muro del proprio limite e della propria incapacità, non c'è altro modo, se così posso esprimermi, per diventare più grandi di se stessi. Occorre permettere che entri un Altro, e perché questo accada bisogna liberare lo spazio, fare pulizia, lasciare del posto: «*Come potrebbe uno penetrare nella casa dell'uomo forte e rapirgli le sue cose, se prima non lo lega? Allora soltanto gli potrà saccheggiare la casa*» (*Matteo* 12,29).

Occorre spazzare la nostra casa dai demoni, altrimenti Dio non può entrare, ed è chiaro che ciò è necessario per tutti, non solo per i sacerdoti o per chi ha consacrato la propria vita a Cristo. La preghiera infatti è la posizione di ogni uomo vero, di ogni uomo che abbia sufficiente povertà di spirito per riconoscere il proprio nulla e per domandare a Dio il dono dell'essere. In questo senso il cardinal Ratzinger, in un articolo sul sacerdozio che mi è già capitato di citare, nota che laddove viene meno una posizione di preghiera, si sfalda anche il senso della vocazione[2]. Come potrebbe una donna guardare al proprio marito con amore disinteressato senza la coscienza di esse-

1 Cfr. AGOSTINO D'IPPONA, *In epistolam Ioannis ad Parthos tractatus decem*, tractatus IV, VI.

2 Cfr. J. RATZINGER, *Servitori della vostra gioia*, Ancora, Milano 1989, p. 95, citato in M. CAMISASCA, *Terra e cielo*, cit., p. 58.

re scelta da un Altro per vivere insieme a lui? Come potrebbe servire lietamente i figli senza la coscienza che essi le sono donati da Dio? E come potrebbe un uomo lavorare otto ore al giorno in ufficio, o in fabbrica, o in banca, senza ricordarsi che lì, in quel lavoro magari arido e poco entusiasmante, passa la strada verso il compimento ultimo della propria esistenza? Quando manca la preghiera, quando Dio è lontano, quando il rapporto con Lui è trascurato, messo in secondo piano, dimenticato, tutto diventa un'abitudine soffocante, o addirittura un peso insopportabile. Non è un caso che Gesù abbia detto: «*Vegliate e pregate in ogni momento*» (*Luca* 21,26).

La preghiera permette di ricollocare la nostra vita dentro l'opera che Cristo ha iniziato per noi e attraverso di noi, permette cioè la maturazione di uno sguardo lieto su noi stessi, non definito dai nostri successi né dai nostri fallimenti, non determinato dall'esito visibile delle nostre azioni. La preghiera, in una parola, apre il nostro cuore alla speranza e ci permette di riscattarci dalla distrazione e dalla violenza in cui sono normalmente collocate le nostre giornate.

«*Il peccato più grande contro la propria vita e il proprio destino è l'insistenza sul proprio male, sulla propria debolezza, sulla propria incapacità*[3].» Questa osservazione, a partire dalla quale si sviluppa il libro di don Giussani *Affezione e dimora*, mi sembra davvero illuminante. Essa ci costringe a domandarci cosa occupi il posto privilegiato nelle nostre anime. Di più, essa ci obbliga a una domanda inevitabile e decisiva: cosa pensiamo quando riflettiamo su noi stessi? Cosa pensiamo quando consideriamo la storia della nostra vita, quando ragioniamo sul nostro la-

[3] L. Giussani, *Affezione e dimora*, Rizzoli, Milano 2001, p. 7.

voro, sulla nostra famiglia, sulle responsabilità che abbiamo? È a questo livello che si gioca l'opzione più profonda e determinante della nostra libertà; è a questo livello che si pone il punto radicale della nostra conversione. Qui si svela infatti il valore ultimo che noi diamo al nostro io, e quindi al nostro pensiero, al nostro desiderio, al nostro amore. Perché il significato che noi riconosciamo a noi stessi potrebbe essere determinato soltanto dalla nostra capacità di far carriera, dal consenso che riusciamo a ottenere, dalla nostra efficienza, dalla nostra brillantezza, addirittura dal nostro aspetto fisico. Potremmo avere su noi stessi un sguardo disumano, impietoso, schiavo delle vittorie e delle sconfitte, continuamente oscillante tra l'esaltazione per i risultati ottenuti e l'abbattimento per quelli mancati.

Ma non è questa la verità di noi stessi, poiché ciò che ci definisce compiutamente è soltanto il rapporto con colui che tiene in vita, con Dio. Bisogna lottare affinché il nostro rapporto con Dio sia sempre al centro delle nostre giornate, perché tutto cambia quando si comincia a guardare a se stessi sapendosi amati, conosciuti, voluti; tutto si riempie di una luce nuova. La compagnia di Cristo colma di dolcezza ogni istante, anche la quotidianità più normale, perfino le ore in apparenza più amare.

Dobbiamo dunque chiederci quale sia il contenuto della nostra memoria. Se il contenuto della memoria è soltanto la problematicità dell'esistenza, o l'esaltazione momentanea per essa, allora la vita – presto o tardi – si risolverà in una grande delusione, come una palla che rotola sempre più in basso e alla fine si perde. La nostra vita si salva soltanto nella misura in cui il suo contenuto è il dialogo attuale col Mistero, nella misura in cui è vissuta come rapporto con Cristo, come riconoscimento del suo movimento verso di noi, come risposta alla sua chiamata. La nostra vita si salva se è vissuta come vocazione. E non importa se

Dio ci chiama a partire missionari verso una terra lontana oppure a restare a casa per accudire un genitore malato, perché qualunque azione è il luogo del nostro rapporto con Lui, e perciò ha un valore infinito, che sfonda le pareti della nostra casa, del nostro ufficio o del nostro convento, e si allarga secondo una misura che non possiamo neppure immaginare.

Continua il brano di Giussani che ho appena citato: «*Il peccato più grande contro la propria vita e il proprio destino è l'insistenza sul proprio male, sulla propria debolezza, sulla propria incapacità. "Ma io sono incapace. Io non sono capace..." Certo che non sei capace! Ma che scoperta è? Sei niente! Ma vuoi dire che Dio è incapace?! No! E tutto quello che avviene in te è semplicemente una adesione – perché una risposta è una adesione – e la domanda è l'estremo modo della tua affezione, del tuo aderire a Dio. Quello di cui tu sei incapace, Dio invece ha la forza per portarlo avanti, per compierlo*»[4].

La preghiera, la domanda a Dio, permette la maturazione di uno sguardo vero su noi stessi, uno sguardo che non nasce dalla valutazione dei nostri limiti e delle nostre doti, né dal bilancio dei risultati che siamo riusciti a ottenere, bensì dalla fede. Permette cioè il maturare di uno sguardo che non ha paura di nulla e non deve censurare nulla, perché sa che Dio insegna attraverso tutto ciò che accade, anche attraverso il dolore. Ed è un grande giorno quello in cui si scopre che anche il male è uno strumento che Dio usa per richiamarci dall'enorme distrazione in cui viviamo. Questo non significa dimenticare che la vita è una lotta, bensì aprirsi all'amore che rende possibile la lotta. Perché riconoscere Cristo come vero Signore di tut-

4 *Ibid.*

to consente di vivere ogni momento, anche il più drammatico, come un dono, come un'occasione, come l'istante in cui Egli, misteriosamente, manifesta la sua predilezione per noi.

Mi torna alla mente un pensiero scritto da Paolo VI negli ultimi anni della sua vita, nel quale descrive la resistenza dell'uomo di fronte alla concretezza della presenza di Cristo: «*Egli ha raffigurato in sé l'umanità, nella sua tragica, immonda, conclusiva realtà, dolore e peccato, l'umanità lebbrosa di tutti i suoi mali, specchio del più spaventoso realismo; ognuno vi si ritrova. Ma perché? Per accusarci? Per svelare in noi la nostra miseria? Per strapparci dal viso la maschera della nostra finta e fatua perfezione? Per deriderci e per insultarci? Per mostrarci la ridicola, l'effimera, la falsa, la scellerata faccia del nostro umanesimo? No, per far trovare noi stessi in Lui, per assumere in Sé ogni nostra miseria, per immensa, silenziosa, discreta ed effettiva simpatia. Per essere Lui noi stessi, quando noi stessi vorremmo non essere quello che siamo*»[5]. Questa è la scuola di Cristo alla nostra vita: Egli ha voluto essere noi stessi, ha voluto vivere tutta l'umana esistenza, fino in fondo, fino al punto in cui noi stessi non vorremmo essere ciò che siamo, perché ogni istante, anche il più difficile e doloroso, possa essere l'istante dell'incontro con la sua presenza che ci cerca e ci attira a sé.

La vita di ognuno di noi è piena di luci e di ombre, di momenti di consolazione e di momenti di debilitante stanchezza. Per questo è decisivo ciò che si guarda, ciò a cui si dà importanza, ciò a cui si riserva un posto privilegiato nel proprio animo. Se guarderemo la luce verremo illumi-

[5] P. MACCHI (a cura di), *Nell'intimità di Paolo VI*, Morcelliana, Brescia 2000, pp. 65-66.

nati, mentre se guarderemo il buio ci condanneremo a rimanere nell'oscurità, perché lasciarsi definire dai propri peccati o dai propri errori significa togliersi ogni speranza. Invece le nostre debolezze – così come le nostre capacità – devono educarci a riconoscere l'assoluta necessità alla nostra vita di colui che ci perdona e ci rinnova. Così, nelle giornate, nelle settimane, nei mesi e negli anni, è importante guardare a ciò che di grande Dio ha fatto e continua a fare. Ecco l'importanza della preghiera del mattino e della sera, che permette di iniziare e terminare ogni giornata con una considerazione positiva della vita, anche quando tutto sembra oscurato, annebbiato, appesantito.

È chiaro: la preghiera non può annullare il sentimento di sproporzione che si avverte rendendosi conto della chiamata di Dio. Anzi, nella misura in cui si è seri, tale sentimento aumenterà. Ma la percezione della propria inadeguatezza deve cedere il passo a un giudizio più vero e più importante, vale a dire alla gioia per la propria elezione. Anzi, proprio l'evidenza della nostra sproporzione deve essere una spinta verso una considerazione largamente ampia e positiva della nostra vita, cioè alla coscienza che siamo scelti per collaborare alla grande opera di Dio nel mondo. Siamo dei nulla, è vero, ma siamo necessari al Signore per edificare la sua Chiesa, il suo popolo, la sua storia in mezzo agli uomini, ognuno con un compito assolutamente speciale, ognuno con un posto che non può essere occupato da altri. È importante che educhiamo il nostro animo a questa positività, soprattutto in un momento come quello in cui viviamo, dove domina il nichilismo e perciò la delusione, la depressione, il senso del vuoto. Solo nella consapevolezza della propria vocazione è possibile vivere l'esperienza del riscatto.

Del resto la percezione della propria responsabilità all'interno della Chiesa è l'unica strada per sperimentare una vera appartenenza a essa, poiché appartenere a una realtà significa sentirsene almeno in una certa misura responsabili, significa riconoscere di essere chiamati a dare il proprio contributo per generarla. Poi le responsabilità specifiche saranno diverse, ma ciascuno, dentro la vita della Chiesa, occupa un peso importante. E non deve spaventarci la totalità di donazione che ci viene chiesta fin da subito poiché, se l'ampiezza dell'ideale in prima battuta sgomenta, poi, col passare del tempo, esalta. Certo, non è sufficiente il semplice trascorrere dei giorni e degli anni: occorre anche che cresca il nostro affidamento a Dio. Pensiamo all'esperienza di Abramo, di Mosè, dei giudici e dei profeti, pensiamo, pur nella sua unicità, all'esperienza stessa di Gesù. «*Quanto si richiede negli amministratori è che ognuno risulti fedele*», dice san Paolo (*1 Corinzi* 4,2). Essere fedeli significa proprio appoggiarsi all'unico fedele, all'unico stabile, a Dio: «*Chiunque ascolta queste mie parole e le mette in pratica, è simile a un uomo saggio che ha costruito la sua casa sulla roccia. Cadde la pioggia, straripârono i fiumi, soffiarono i venti e si abbatterono su quella casa, ed essa non cadde, perché era fondata sopra la roccia*» (*Matteo* 7,24-25).

La nostra fedeltà a Dio porta l'energia dell'immortalità dentro la fragilità delle cose che sembrano sfaldarsi, porta una forza nuova, umile e insieme indomabile. È l'esperienza del fuoco di cui parla il Vangelo: «*Sono venuto a portare il fuoco sulla terra; e come vorrei che fosse già acceso!*» (*Luca* 12,49). Solo se accettiamo che Gesù sia una presenza concreta, una figura storica, un «Tu» realmente presente nelle nostre giornate, Egli può accendere in noi questo fuoco. Altrimenti non può essere salvatore, ma soltanto una speranza vuota, un nome lontano, una illusione.

Il fuoco di cui parla il vangelo, l'ardore per la presenza di Cristo, compagno reale del nostro cammino, fa sì che la nostra vita sia veramente umana, esaltante, affascinante. L'alternativa è la vita borghese, la vita segnata dagli stretti confini delle nostre misure, la vita che si accontenta di cose piccole e di compromessi e che alla fine non desidera più nulla. Diventare borghesi significa non avvertire più la concretezza di ciò che ci è stato donato, e quindi non percepire più il senso della responsabilità verso il mondo, verso i fratelli uomini, verso se stessi. Significa vivere dimenticando di essere stati messi al mondo da un altro, e quindi trascurando gli appelli che Dio continuamente ci rivolge per ridestare la nostra passione. «Svegliati!», sembra dire, «alza la tua testa, renditi conto di ciò che io ho fatto per te!» Ma il suo richiamo cade nel vuoto, soffocato, come il seme di evangelica memoria, dalle spine dei nostri progetti e delle nostre misere ambizioni (cfr. *Luca* 8,14).

L'unica possibile dignità per la nostra vita sta nel seguire con tutto ciò che siamo colui che ci ha chiamati. Con tutto ciò che siamo, vale a dire con le nostre luci e le nostre tenebre. Non serve a nulla soffermarsi sui propri limiti, non serve a nulla piangersi addosso o sottolineare le proprie debolezze. Il lamento è sempre sbagliato, perché mette in primo piano se stessi e non il rapporto col Signore. Infatti, alla fine, è sempre una scusa per sottrarsi al sacrificio, per sfuggire alla fatica, per evitare di mettersi in gioco. Il lamento segna sempre una mancanza di amore verso Cristo e perciò l'impossibilità di amare i fratelli (cfr. *1 Giovanni* 4,20-21).

Credo che il tempo in cui viviamo, questo tempo ammorbato dal terrorismo, dalla guerra e dalla tragedia ancor più grande dell'insicurezza, del disorientamento e della paura, sia un tempo in cui Dio vuole svegliare l'uomo dalla sonnolenza borghese. Egli ci chiama a essere vivi, a vigilare, a restare desti come le sentinelle che fanno la guardia a una città in pericolo. Se intorno a noi tutto sembra spegnersi, e perdere così valore, Lui vuole che in noi bruci la passione per la costruzione del suo regno, vuole che si riaccenda in noi il fuoco.

Mettere al primo posto l'avvenimento di Cristo, e non le proprie debolezze e le proprie incapacità, significa accettare di essere continuamente mobilitato da Cristo. È un fuoco che brucia senza finire mai, come Dio ha chiarito a Mosè (cfr. *Esodo* 3,2), un movimento continuo, una rigenerazione permanente della vita. Ciò è possibile solo se si intuisce l'esistenza di qualcosa di duraturo, qualcosa su cui sia possibile costruire, una roccia solida alla quale appoggiarsi. Esiste questa roccia? La sapienza pagana giunse alla conclusione che si tratta di una speranza impossibile, e anche la cultura post-cristiana, nella quale noi viviamo immersi, di fronte all'apparente caducità della vita, sembra non avere altro suggerimento che la fuga, il non pensarci, la distrazione. I profeti oggi più in voga non fanno che sminuire l'entità del problema, come se il desiderio che le nostre azioni restino nel tempo fosse soltanto un sogno puerile, una fantasia da adolescenti. La leggerezza del vivere e la superficialità vengono vendute come unica saggezza.

Ma Gesù non pensava così, e una volta, discutendo con i farisei, pronunciò una frase impressionante, che coglie in pieno la nostra aspirazione di uomini: «*Se uno osserva la mia parola, non vedrà mai la morte*» (*Giovanni* 8,51). In questa espressione sta la verità ultima della nostra fragile e mutevole esistenza. Siamo destinati all'immortalità, non per una forza nostra, ma per la realtà dello Spirito, che penetra le fibre della nostra esistenza, le unisce e le conserva. Così la nostra umanità, debole e mortale, diventa tabernacolo dell'eternità. Ecco la forza dirompente della nostra risposta alla chiamata di Dio, una forza che poggia tutta sulla potenza di Dio. Egli opera in modo nascosto, furtivo, quasi invisibile, eppure la sua azione è reale, penetrante, capillare. Alla fine unifica tutto, coinvolge tutto, trasfigura tutto. Anche le nostre debolezze, che non sono cancellate, ma investite di una luce nuova.

«*Se uno osserva la mia parola, non vedrà mai la morte.*» E in un'altra occasione: «*Vi ho costituiti perché andiate e portiate frutto e il vostro frutto rimanga*» (*Giovanni* 15,16). Come sono confortanti queste parole, come sono corrispondenti al cuore! Dio è fedele, rimane per sempre, e ciò che a Lui viene affidato rimane per sempre. Senza di Lui non siamo che polvere, come ci ricorda la Bibbia: «*Ritira il tuo spirito e ritorniamo polvere*» (cfr. *Salmo* 104,29-30); ma con Lui la nostra polvere diventa umanità, umanità investita e trasfigurata dalla sua divinità, nel misterioso incontro fra la nostra povertà e la sua grandezza[6].

«*Come un padre ha pietà dei suoi figli, così il Signore ha pietà di quanti lo temono. Perché egli sa di che siamo plasmati, ricorda che noi siamo polvere*» (*Salmo* 103,13-14). A noi è chiesto di affidare a Lui, attraverso la Chiesa, tutti i nostri affetti, i nostri tentativi e i nostri progetti, perché Lui li custodisca, li renda puri e li fortifichi. È una strada infinitamente più umana e più vera di qualsiasi altra, anche se è una strada più impegnativa e drammatica. È la strada resa possibile dall'incarnazione di Cristo, che ha fatto della polvere della nostra abiezione il trono della sua gloria, della nostra fragilità la materia della incorruttibilità, del tempo la carne dell'eterno[7]. Qui si tocca il punto

6 Cfr. Orazione sulle offerte, XX domenica del tempo ordinario, in *Messale Romano*, cit., p. 266.

7 Cfr. LEONE MAGNO, *Sermo XL*, 3.1-2.

più vero e vertiginoso della nostra vicenda sulla terra. Ci sono maestri i martiri: essi insegnano visivamente che dalla morte viene la vita, e che il tempo, vale a dire tutto ciò che dell'eterno noi possiamo sperimentare e offrire, è il nostro lato di Dio, la strada della nostra partecipazione alla sua perennità.

Il nostro sì di fronte alla chiamata del Signore porta un frutto destinato a durare in eterno. Jahvé lo ha detto molto chiaramente ad Abramo: «*Padre di una moltitudine di popoli ti renderò. E ti renderò molto, molto fecondo; ti farò diventare nazioni e da te nasceranno dei re. Stabilirò la mia alleanza con te e con la tua discendenza dopo di te di generazione in generazione*» (*Genesi* 17,5-7). È stato così anche per Isacco, per Giacobbe e per i loro successori. Non bisogna mai dimenticare la loro storia, perché essa segna l'archetipo fondamentale attraverso cui possiamo capire noi stessi.

Certo, nella nostra vita ci sono momenti di sconforto, momenti in cui tutti i nostri tentativi sembrano sterili e improduttivi. Appunto per questo occorre che maturi in noi una coscienza nuova. Solo la fede genera uno sguardo capace di cogliere la fecondità del nostro sì a Cristo anche quando tutto appare inutile e nemico. Solo la fede permette uno sguardo capace di penetrare il presente, di sottrarlo alla fugacità dei sentimenti umani e di inserirlo nella perennità di Dio. La fede permette di cogliere il fiume di eternità che sgorga dal nostro sì al Signore, permette di percepire, già in questa vita, l'azione eterna di Dio. È Lui che suscita la nostra adesione, che la conserva e le dà valenza eterna. Da parte nostra dobbiamo soltanto osservare la sua alleanza (cfr. *Genesi* 17,9).

Capitolo 2

DISPONIBILITÀ

La parola più decisiva per la nostra esistenza è la parola disponibilità. Essa indica un cambiamento nella concezione di noi stessi, perché implica una dislocazione del nostro spirito, uno spostamento dall'io al Mistero di Dio, dalla centralità dell'io alla centralità del Mistero. Tutta la sapienza della vita si gioca in questo, perché solo accettando una dislocazione da se stessi al Mistero è possibile comprendersi veramente. Chi fissa la propria attenzione soltanto su di sé finisce in realtà per non capire nulla e si allontana ogni giorno di più dalla verità di se stesso. Tutte le *Confessioni* di sant'Agostino ruotano intorno a questo tema, anzi, mi pare che l'intera filosofia agostiniana, di cui rappresentano una sintesi anticipata, abbiano questo contenuto.

Occorre però prendere coscienza da subito di un punto fondamentale: la dislocazione della nostra attenzione dall'io al Mistero, che è «*intimior intimo meo*»[1], molto difficilmente si giocherà sulle grandi questioni filosofiche dell'essere e del non essere. Essa avviene piuttosto attraverso i particolari molto concreti, spesso piccoli, perfino infinitesimali, che compongono la nostra esistenza. È dentro i

1 AGOSTINO D'IPPONA, *Confessiones*, III, 6, 11.

particolari, dentro gli istanti brevi e all'apparenza trascurabili delle nostre singole giornate, che si decide la nostra appartenenza a noi stessi oppure al Signore. L'adesione al Mistero non riguarda soltanto le grandi decisioni, le grandi svolte, quei momenti della vita in cui si è chiamati a prendere una certa direzione definitiva piuttosto che un'altra. Essa si gioca invece nella concretezza e nella semplicità del presente. Solo cominciando a servire un Altro nella quotidianità delle nostre giornate diventeremo capaci di metterlo al primo posto anche nelle grandi scelte, come ha detto Gesù: «*Chi mi resta fedele nel poco, mi sarà fedele anche nel molto*» (cfr. *Matteo* 25,21).

Dio chiede la nostra adesione a Lui negli avvenimenti normali delle nostre giornate, negli incontri, nelle vicende, nelle parole di ogni giorno. Ci attira a sé attraverso l'amico in difficoltà che ci domanda un aiuto quando siamo magari impegnati a fare altro, attraverso la cena da preparare per i nostri bambini, attraverso la pagina che ci è chiesto di studiare in vista dell'esame. Perché ogni nostra azione, anche la più banale, implica in realtà una mossa della nostra libertà; ogni istante è luogo della nostra responsabilità. Penso per esempio alle persone che devono affrontare la sofferenza, per una malattia, per la lontananza di una persona cara, per l'incomprensione di chi sta loro intorno. Accettare quel dolore che non hanno scelto né voluto, offrirlo al Signore, viverlo come partecipazione alle sofferenze di Gesù, è per loro il modo di contribuire alla salvezza del mondo. E lo è anche il dolore di chi fatica ad accettare se stesso, di chi non si capisce, di chi non riesce a volersi bene.

Un giorno domandarono a Giussani come sia possibile guidare un giovane alla scoperta della propria strada. Lui rispose: «*Bisogna che il giovane sia accompagnato e sostenuto nell'affrontare le circostanze, fino alla sua vita più quotidiana, alla luce dei comandamenti, della legge morale* [che è propriamente il rapporto con Dio]. *Se uno cerca di vivere così, per individuare la sua vocazione non deve preoccuparsi. Perché il Signore la fa trovare sulla sua strada*»[2].

La salvezza della vita deriva dall'aprirsi del nostro spirito ai particolari in cui il Signore si manifesta, ed Egli si manifesta in ogni istante. Non solo, Egli si manifesta ponendoci una domanda, interpellandoci, provocando la nostra libertà. Chiede la nostra adesione a Lui, e chiede che essa avvenga nell'unico modo possibile, vale a dire attraverso l'adesione al particolare concreto che ci troviamo a vivere. Questa è la logica sacramentale del cristianesimo, che dal battesimo e dall'eucaristia si irraggia a ogni istante della vita; è la logica secondo la quale Dio ha fatto il mondo e l'uomo. Non ha Dio creato l'uomo a sua immagine e somiglianza? E non c'è forse nel mondo l'impronta del suo essere? Perciò ogni attimo è provocazione, ogni attimo è richiamo, ogni attimo è vocazione; ogni istante richiede la nostra conversione, il passaggio dal nostro io al Mistero, la nostra dislocazione. *Déplacement*, dicono i francesi: l'io, che tende a riconoscere se stesso come unico centro, è chiamato a riconoscere che il centro è invece fuori di sé. Il senso ultimo e definitivo di noi stessi non sta in ciò che facciamo, in ciò che pensiamo o in ciò che sentiamo, ma in qualcosa che accade, che ci sorprende irrompendo da fuori e supera i limiti della nostra umanità. Ecco perché la parola disponibilità racchiude veramente tutto il tesoro del cammino cristiano.

Il passaggio della propria attenzione dall'io al Mistero avviene in virtù di un'attrattiva, per il fascino che Cristo

[2] L. GIUSSANI, *Quello sguardo d'amore fa durare la giovinezza*, intervista di R. Farina pubblicata sul settimanale «Il Sabato», n. 14, 6 aprile 1985, pp. 9-10. Il testo è riportato anche in L. GIUSSANI, *Un caffè in compagnia. Conversazioni sul presente e sul destino con Renato Farina*, Rizzoli, Milano 2004, pp. 57-72.

manifesta, per la dolcezza che si avverte cominciando ad affidare se stessi a Lui. Accade a volte che questa attrattiva svanisca, e ci sono perciò momenti di aridità e durezza. Allora occorre pregare, domandare di sentire nuovamente il fascino della presenza di Cristo, chiedere che possa rivivere in noi lo stupore per la Sua bellezza. Come dice il salmo 51: «*Redde mihi laetitiam salutaris tui – Dammi ancora la gioia dell'esperienza di essere salvato*» (*Salmo* 51, 14), oppure il salmo 118: «*Ricorda o Signore la promessa fatta al tuo servo, con la quale mi hai suscitato la speranza*» (*Salmo* 118, 49).

La domanda indica un cambiamento già in atto, è già la dislocazione della nostra attenzione, perché è l'atto della volontà e dell'intelligenza con cui l'uomo si appoggia all'iniziativa e alla forza di un Altro. Per questo la domanda permette di uscire dai momenti di oscurità e di prova, soprattutto se la si ripete: la domanda ripetuta crea nello spirito un *habitus* allo spostamento da se stessi al Mistero e perciò ricrea lentamente il fascino di ciò che Egli opera. Senza preghiera è impossibile vivere un cammino veramente cristiano. Certo, deve trattarsi di una preghiera libera e personale, anche se, in taluni momenti, essa può consistere semplicemente nella ripetizione quasi meccanica di formule imparate a memoria.

Attraverso la preghiera, anche soltanto quella comandata dalla Chiesa, siamo aiutati a ricollocarci ogni giorno in una posizione di domanda, e se ciò non avviene è a causa della distrazione e della superficialità con cui preghiamo. Ma è la realtà stessa che continuamente apre delle ferite nel nostro animo, e ci costringe a pregare, a metterci in ginocchio, a supplicare l'intervento di Dio. Tutto ciò che accade, anche ciò che ci riempie di soddisfazione ed entusiasmo, se guardato con verità, mostra l'urgenza dell'intervento di Dio. Ogni situazione della vita, infatti, sembra ricordarci che non bastiamo a noi stessi, e ci invita perciò a implorare la presenza di un Altro. Percepire questo significa introdursi all'esperienza più scioccante, più lacerante e insieme più pacificante della vita. Si tratta di abbandonare le proprie misure e di aprirsi all'iniziativa di Dio, di vivere quell'espropriazione, quell'essere per un Altro che Gesù ha indicato come unica strada per la realizzazione di sé: «*Chi avrà trovato la sua vita, la perderà: e chi avrà perduto la sua vita per causa mia, la troverà*» (*Matteo* 10,39).

In questo senso, come ho già detto nel capitolo precedente, il cristianesimo è esattamente l'opposto del borghesismo, e anche l'opposto del moralismo in cui si è cercato di incapsularlo soprattutto dal Settecento in poi. Il cristianesimo, nella sua essenza, è una disponibilità totale, ed è perciò un'apertura senza riserve all'imprevedibile. Così è stato per Abramo, partito dalla terra dei suoi padri «*senza sapere dove andava*» (*Ebrei* 11,8), e anche per Pietro, al quale Gesù ha detto: «*Un altro ti cingerà la veste e ti porterà dove tu non sai. Ti chiedo soltanto di continuare a seguirmi*» (*Giovanni* 21,18-19). Per questo non è esagerato dire che il martirio è il punto inevitabile a cui ciascun cristiano deve essere aperto. Se censuriamo il martirio, se smettiamo di considerarlo come l'esperienza più significativa del cristianesimo, se smarriamo cioè la certezza che la vita non può essere tolta – perché il martirio è proprio la testimonianza che la vita non può esserci tolta da nessuno –, allora il cristianesimo perde tutta la sua incidenza e la sua validità per l'esistenza. Censurare la possibilità del martirio significa ridurre il cristianesimo a sociologia, a un insieme di regole morali prive di efficacia reale sulla vita.

Vorrei a questo punto chiarire un aspetto che mi pare molto importante. Mi riferisco al fatto che la disponibilità, questo *déplacement* che è cambiamento del nostro fuoco di origine, ultimamente non dipende da noi. Certo Dio non agisce indipendentemente dalla nostra libertà, ma è Lui «*che opera in noi il volere e l'agire*» (cfr. *Filippesi* 2,13), è Lui che origina in noi la disponibilità venendo incontro alla nostra domanda.

Per suscitare la nostra disponibilità a dire sì in ogni istante Cristo ci dona anche la presenza della comunità cristiana, ci inserisce nel popolo di Dio. Egli muove ogni singolo uomo ponendolo dentro a un popolo, e tutte le mattine possiamo fare memoria dei nostri amici in Cristo, quando, nella preghiera delle lodi, recitiamo il cantico di Zaccaria: «*Benedetto il Signore, Dio d'Israele, perché ha visitato e redento il suo popolo*» (*Luca* 1,68).

La comunità cristiana alla quale siamo consegnati, sia essa la parrocchia, il movimento al quale apparteniamo o la comunità religiosa in cui sta maturando la nostra vocazione, è il luogo fisico che aiuta il nostro sì a Cristo, ed è nello stesso tempo il luogo in cui il nostro sì può essere detto. Aderire a Cristo significa infatti aderire alla Chiesa. Perché il cristianesimo è proprio l'annuncio che Dio si è fatto carne nel grembo di una donna, ha preso il volto di uomo, di una circostanza determinata, di una realtà ben definita. Non solo ha voluto manifestarsi in quell'uomo, ma ha anche deciso di permanere nella storia attraverso eventi che si possono descrivere con coordinate spazio-temporali, vale a dire attraverso i sacramenti e attraverso l'unità degli uomini che Lo riconoscono presente. Gesù, infatti, fondando la comunità apostolica, ha voluto affidare la propria permanenza nella storia alla Chiesa, luogo fisico che assicura la continuità del suo volto. Stare con Lui significa affidarsi alla realtà ecclesiale alla quale siamo stati consegnati. È una strada semplice, perché non ci è chiesto di inventare nulla, solo di partecipare con tutto noi stessi al luogo in cui Cristo ci raggiunge, alla comunità che ce lo rende presente. Ed è anche una strada drammatica, perché implica una consegna reale, non immaginaria. Nulla è affidato alla nostra fantasia, tutto si gioca nell'obbedienza alla Chiesa, in una sequela sincera, leale, virile.

Non bisogna poi dimenticare che il luogo al quale Cristo ci affida è sempre guidato da un'autorità. Qui finisce ogni astrattezza, perché l'autorità è una persona reale, in carne e ossa, con un pensiero, un temperamento, delle aperture e delle mancanze. L'autorità è il segno che Cristo ci porta al compimento conducendoci lungo strade inattese. Per questo, alle volte, il confronto con l'autorità è temuto, perché si teme l'imprevedibilità di Dio.

Dio ci rivela la nostra strada poco alla volta, come ha fatto con Abramo, al quale ha svelato il cammino giorno dopo giorno, tappa dopo tappa. Egli sa che se conoscessimo da subito tutta la strada preparata per noi ne resteremmo schiacciati, non tanto per la paura delle difficoltà, quanto per la grandiosità della rivelazione, per la sua assoluta alterità rispetto al nostro piccolo cuore. Il nostro animo ha bisogno di dilatarsi nel tempo: per questo Dio si fa conoscere a poco a poco. L'imprevedibilità di Dio, il permanere del suo mistero, è manifestazione della sua misericordia.

A questo livello può avere origine la menzogna, che normalmente si manifesta nella ricerca di un compromesso, di un accomodamento. Per difendere i nostri progetti, ci affidiamo soltanto fino a un certo punto, non ci mettiamo in discussione fino in fondo. Gesù conosceva bene questa tentazione dell'animo umano, per questo disse: «*Nessuno può servire a due padroni*» (*Matteo* 6,24). Non si riferiva tanto al pericolo di vivere inseguendo le ricchezze terrene, quanto al rischio di non consegnarsi totalmente, di mantenere sempre qualche riserva. Ciò può avvenire per svariate ragioni, tutte però riconducibili alla paura della diversità, di ciò che ancora non si è visto, di ciò che sorpassa le nostre misure. La ricerca del compromesso, alla fine, nasce sempre dalla paura del sacrificio e della sofferenza, cioè dalla paura di dover vivere il medesimo itinerario di Cristo. Così la nostra appartenenza al luogo cui Cristo ci ha consegnati, invece che strada per l'accettazione sempre più totale del volere di Dio, diventa l'alba di un rifiuto, di uno scollamento, di una ritirata. Può accadere in modo impercettibile, ma presto o tardi si mostrerà con evidenza clamorosa, magari quando saremo chiamati a servire la Chiesa in un luogo non preventivato, con responsabilità diverse da quelle sognate, con persone differenti da quelle che avremmo voluto. Ma la concretezza di Gesù è piena di particolari cui aderire, e la vita della Chiesa deve servirci proprio ad allargare il nostro cuore affinché diventiamo sempre più capaci di amarla e di servirla.

Certo, ciascuno di noi può immaginare i luoghi, i tempi e i volti della vita, è inevitabile che ciò accada, e credo sia anche giusto. Ma quello che Dio suscita attraverso il nostro sì supera sempre le nostre aspettative. Il suo disegno è sempre più grande di quanto noi possiamo prevedere, eppure, nello stesso tempo, è capace di rendere tutto molto più semplice. La strada della nostra adesione a Cristo può rivelarsi meno spettacolare, meno piena di colori rispetto alla nostra immaginazione, ma dentro di essa tutto è più terso, più limpido, più trasparente, più semplice, più drammaticamente semplificato. Ha scritto Paul Claudel ne *L'annuncio a Maria*: «*Santità non è farsi lapidare in terra di Paganìa o baciare un lebbroso sulla bocca, ma fare la volontà di Dio, con prontezza, si tratti di restare al nostro posto, o di salire più in alto*»[3]. E poco prima: «*Non alla pietra tocca fissare il suo posto, ma al Maestro dell'Opera che l'ha scelta*»[4].

Possiamo fare ragionamenti di anni o addirittura di secoli, possiamo descrivere fin nel dettaglio percorsi di vita ascetici, teologici, spirituali, ma alla fine tutto si riduce e si riconduce a un'unica opzione: o la verità è soltanto ciò che noi pensiamo, oppure essa è qualcosa che ci supera e alla quale siamo chiamati ad aderire. L'immensa difficoltà ad accettare la correzione che viene da un compagno, per esempio, è il segno tangibile di quanto siamo acerbi sulla strada della nostra realizzazione personale, sulla strada dell'abbandono al giudizio di Dio. Aggrappandoci con le unghie e con i denti al nostro giudizio, riveliamo la nostra paura di affidarci a un Altro. Ma la verità della vita sta proprio nell'abbandono.

Ha scritto Antonio Rosmini in *Massime di perfezione cristiana*: «*Per quanto gli avvenimenti possano sembrare contrari al bene della stessa Chiesa, il cristiano deve godere una perfetta tranquillità e conservare una gioia piena, riposando interamente nel suo Signore. Tuttavia non deve smettere di gemere e di supplicare che avvenga la volontà del Signore come in cielo così in terra... Il cristiano, dunque, deve bandire dal proprio cuore l'inquietudine e ogni specie di ansietà e di preoccupazione: anche quella che sembra talvolta avere per scopo il solo bene della Chiesa*»[5]. Trovo questa osservazione profondamente vera, perché entrare nella confidenza di Dio allo stesso modo in cui si entra nell'abbraccio di una persona fisica rende protagonisti della vita,

[3] P. Claudel, *L'annuncio a Maria*, cit., p. 35.
[4] *Ibid.*, p. 33.
[5] A. Rosmini, *Massime di perfezione*, Edizioni Rosminiane Sodalitas, Stresa (VB) 2001, pp. 39-40.

rilancia, riempie il cuore di entusiasmo. Continua Rosmini: «*Non c'è forse nessun'altra* [cosa] *che, praticata con la semplicità e la generosità di cuore che richiede, rende più caro al Padre il discepolo di Gesù Cristo... Essa abbraccia un'intera confidenza in Dio, e in Dio solo, un intero distacco da tutte le cose della terra che appaiono piacevoli, potenti e illustri, un tenero amore riservato tutto a Dio solo... I suoi doni, le sue finezze, le sue sollecitudini, le sue grazie sono proporzionate alla confidenza che hanno in lui i suoi amati figli*»[6]. È dunque necessario entrare nella confidenza di Dio, come i figli entrano nella confidenza del padre, come l'amico entra nella confidenza dell'amico. Solo così sarà possibile uscire da noi stessi sicuri, non paurosi, e ci potremo slanciare verso ciò che non conosciamo con la certezza di non perdere alcunché. Anzi, con la certezza che ciò che non conosciamo arricchirà la nostra persona, rendendoci più grandi di quanto già siamo, più veri, più compiuti.

Occorre, come scrive ancora Rosmini, «*domandare al Padre con grande semplicità e confidenza tutte le cose, e aprirgli tutti i desideri del proprio cuore.* [Il cristiano] *lo deve fare, però, con l'unico desiderio che avvenga sempre ciò che Dio preferisce... Dio esaudirà. E nel caso chieda cose inutili o dannose, Dio correggerà la sua ignoranza e imperfezione*»[7].

Nella vita dell'uomo che si abbandona al Signore non c'è spazio per l'ansietà. Il suo posto è occupato dalla pace, dalla fiducia del bimbo che si sente al sicuro fra le braccia provvidenti del padre. Quando allora prevale in noi la paura? Quando manca il dialogo vero con Dio, quando questo dialogo è artificiale e anonimo, quando trattiamo

[6] *Ibid.*, p. 45.
[7] *Ibid.*, p. 49.

Dio alla stregua di un estraneo, come se fosse qualcosa che sta al di fuori di ciò che accade. Invece Dio si è fatto carne e raggiunge l'uomo continuamente, è Dio che chiede all'uomo un cambiamento attraverso tutto quello che accade.

Pensiamo ancora ad Abramo, al suo rapporto con il Mistero. Pensiamo all'assoluta incertezza in cui Dio volle lasciarlo, e perciò alla profondità di devozione che gli è stata necessaria. Abramo, al contrario di quanto avviene per noi, non era sorretto neppure dall'esperienza di uomini venuti prima di lui, non poteva poggiarsi sulla grandezza di una storia che gli fosse precedente. Eppure prese i suoi carri e si mise in cammino. Così, poco alla volta, la voce che gli aveva detto di uscire dalla sua terra cominciò a prender forma, a diventare ogni giorno più reale. Prendeva consistenza per il sì che Abramo maturava dentro le traversie di ogni giorno, le gelosie delle donne, le malattie del bestiame, le lamentele dei contadini. È davvero sorprendente la potenza di quest'uomo, che in quelle circostanze tanto nebbiose riuscì a scorgere l'inizio di una storia che non sarebbe mai finita. Da dove proveniva la forza di Abramo? Dal suo dialogo continuo con il Mistero. Dal giorno in cui il Signore gli fece udire la sua voce ogni azione di Abramo fu determinata dal rapporto con Lui.

Lo stesso si può dire per Mosè, sia pure in un contesto differente. Anche la sua energia scaturiva interamente dal dialogo vissuto con Dio. Certo, erano passati secoli dalla morte di Abramo, e tutto aveva assunto una concretezza più circostanziata, perché si era costituito un popolo e si stavano formando leggi, consuetudini e tradizioni. Ciò non toglie che la forza di Mosè, il suo sostegno, il bastone al quale egli continuamente si appoggiava per portare a termine la sua missione, era il suo rapporto con il Mistero. Quando entrava alla presenza di Jahvé tutti uscivano al limitare delle loro tende e si inginocchiavano (cfr. *Esodo* 33,8-10), segno che i dialoghi tra Mosè e il Signore erano il cuore della sua capacità di guidare quel popolo e, ancora prima, erano per lui la possibilità di non fuggire di fronte al cammino terribile che Dio gli chiedeva di compiere.

Abramo e Mosè, come tutti i santi che ci hanno preceduto, ci mostrano ciò che nella vita è davvero fondamentale: non l'essere perfetti, bensì l'essere veri davanti a Dio fatto carne, senza veli, senza finzioni, chiamando le cose con il loro nome. Tutto deve diventare contenuto del nostro dialogo con il Mistero: le parole che ci ha detto un amico, i sentimenti che proviamo, le paure che ci assalgono, i dubbi, gli interrogativi, le scoperte. Allora, ed è una conseguenza non di poco conto, non sarà difficile che tutto questo divenga anche contenuto del nostro dialogo con l'autorità.

Nel nostro sì a Dio sta il senso di ogni nostro passo, dal primo, compiuto in modo del tutto inconsapevole uscendo dal seno di nostra madre, fino a quello presente. È il senso del nostro essere, della nostra nascita e del nostro crescere. In questo senso possiamo dire che la nostra storia si sviluppa interamente attraverso momenti cruciali, non perché abbiano in sé qualcosa di straordinario, ma perché è eccezionale ciò che li ha determinati, cioè il nostro sì al Signore.

Vivere ogni istante come adesione cosciente a un Altro è l'unica possibilità di una vera letizia. Infatti, poco alla volta, in noi si fa strada la certezza di Abramo, la certezza cioè che ogni cosa è per noi, che tutto ci è donato e nulla ci può essere tolto. Non ci spaventa neppure la morte. Per questo Gesù ha detto che non dobbiamo aver paura di quelli che possono uccidere il corpo, ma di quelli che possono uccidere l'anima, cioè di quelli che possono strapparci a noi stessi, che possono diventare padroni del nostro io, spezzando il nostro rapporto con il Signore, frapponendosi al nostro dialogo con Lui (cfr. *Luca* 12,4).

Nella vita vissuta come sì a Dio, si scopre che Egli la conduce alla pienezza senza tralasciare niente, anche attraverso le nostre bugie, le paure e i tradimenti. Come l'acqua impetuosa di un fiume, che porta verso il mare ciò che incontra e nello stesso tempo rende ciò che incontra il letto di un fiume successivo. Benedetto XVI lo sta ripetendo fin dall'inizio del suo pontificato: «*Cristo non toglie nulla e dona tutto*»[8].

[8] BENEDETTO XVI, Omelia per la Santa Messa di inizio del Ministero Petrino, 24 aprile 2005, in «La traccia» n. 4, Anno XXVI, p. 21.

Capitolo 3

LA POVERTÀ DI SPIRITO E IL DONO DI SÉ

Quando si abbraccia la forma della propria vocazione, il giorno in cui ci si sposa, si diventa sacerdoti o si prendono i voti in un ordine religioso, il cuore è abitato da una gioia indicibile. Si è profondamente convinti della propria scelta, esito di un lungo cammino pieno di ragioni, e soprattutto si è certi della propria importanza nel grande disegno di Dio per il mondo. Si è pieni di gratitudine, e non si finirebbe mai di ripercorrere con il pensiero tutti i passi che Dio, con infinita pazienza, ci ha suggerito per portarci a dire il nostro sì definitivo. Fin da quando eravamo bambini, anzi, fin da quando esistevamo solo nella sua mente, Egli disegnava per noi una strada, preparava incontri, predisponeva circostanze, con fedeltà e discrezione, desiderando soltanto la nostra risposta. Tutta la vita passata si illumina allora di una luce nuova, ogni cosa sembra trovare il proprio posto, anche i periodi bui, anche gli errori.

Questo sguardo lieto su di noi e sulla nostra storia investe anche il futuro, la vita che stiamo iniziando: sappiamo che Dio prepara cose importanti, siamo certi che il cammino che Egli ci invita ad abbracciare ci riserva scoperte meravigliose. Egli ha in mente cose grandi, a noi basterà non abbandonare la strada.

Questa certezza non sarà mai delusa, anzi, il tempo rivelerà che Dio dona molto più di quanto ci si possa figurare all'inizio, anche perché l'immaginazione dell'uomo è molto corta rispetto alla sua fantasia. Dio ci chiama su una certa strada per portarci alla felicità vera: per questo non manca mai di donarci tutto ciò che è necessario alla realizzazione totale del nostro desiderio. Però ce lo dona secondo una modalità imprevista e dunque in maniera poco o tanto sconvolgente, destabilizzante. Dio, infatti, non si accontenta di dispensare i suoi doni, ma vuole anche che questi doni passino attraverso il cambiamento della nostra vita, un cambiamento non superficiale, ma reale e profondo.

Dio entra con grandi pretese nella storia di chi dice di confidare interamente in Lui e di affidarsi interamente a Lui, prende molto sul serio le nostre intenzioni e le nostre parole. Per questo bisogna fare attenzione a quello che gli si dice, perché Dio non scherza, non lascia che le nostre domande cadano nel vuoto. E risponde sempre in modo sorprendente, superando le nostre immaginazioni e le nostre aspettative, anche perché noi domandiamo qualcosa che non conosciamo. Siamo mossi dal bisogno di qualcosa, ne avvertiamo l'assenza, ma non sappiamo cosa ci manca. Giustamente san Paolo ha scritto che noi «*non sappiamo nemmeno cosa sia conveniente domandare*» (*Romani* 8,26), e subito ha aggiunto: «*Solo Colui che scruta i cuori sa quali sono i nostri veri desideri*» (cfr. *Romani* 8,27). Così la risposta di Dio alla nostra domanda di una vita grande e piena coincide sempre con la necessità di un nostro cambiamento. Domandare veramente significa aprirsi a qualcosa che ci supera. Occorre allora che educhiamo continuamente il nostro spirito, occorre che impariamo sempre di più ad allargare il nostro cuore, a non farci imprigionare dalle nostre misure e dai nostri progetti. Ciò che è veramente decisivo per la nostra vita è la disponibilità del cuore, l'apertura a Lui, il desiderio di imparare le sue vie, che non coincidono con le nostre.

La disponibilità all'iniziativa di Dio permette che ci spalanchiamo a sguardi e orizzonti sempre nuovi, trasformando ogni giornata in un'esaltante avventura, in un tesoro che aspetta soltanto di essere scoperto. Permette cioè che la nostra giovinezza non si esaurisca. «*La giovinezza*» ha detto una volta don Giussani «*consiste in un atteggiamento del cuore. È quando non ci si accomoda, ma si è tesi verso la realtà con l'avidità di imparare quel che essa suggerisce sul nostro destino*[1].» L'alternativa è quella raffigurata in modo poetico, ma assolutamente realistico, dalla canzone di Claudio Chieffo intitolata *La guerra*. Descrive un uomo che ha passato la vita a combattere la falsità e l'ingiustizia, ma ha combattuto da solo, confidando soltanto nella forza delle sue braccia, non guardando ad altri che a se stesso. Quell'uomo, forse diventato vecchio, prova a valutare i suoi tentativi. Ne viene fuori un bilancio amarissimo: «*Nelle mie mani non è rimasto che terra bruciata, nomi senza un perché. I nemici di un tempo tornano vincitori, è una guerra perduta per me*»[2]. Sono parole terribili, eppure esse descrivono veramente l'uomo che guarda soltanto a se stesso, l'uomo incapace di aprire il suo sguardo sull'opera di Dio. Chi vive ripiegato su se stesso è sempre prigioniero di sé e dunque è prigioniero del proprio passato, non se ne può mai liberare. Invece noi siamo liberati! Ogni istante è una novità, una sorpresa, una scoperta: «*Ecco, faccio una cosa nuova, proprio ora germoglia, non ve ne accorgete?*» (*Isaia* 43, 19).

[1] L. Giussani, *Quello sguardo d'amore fa durare la giovinezza*, cit.
[2] C. Chieffo, *La guerra*, in *Canti*, Cooperativa Editoriale Nuovo Mondo, Milano 2002, pp. 225-226.

L'esperienza della vita come novità continua è riservata all'uomo che vive con gli occhi e il cuore spalancati. Perché quando manca la disponibilità al cenno di Dio – in qualunque forma Egli voglia manifestarsi –, quando manca la disponibilità sincera alla sua iniziativa, alla traiettoria che Lui segna per noi, la vita diventa soltanto un lento avvicinarsi alla fine. Mi vengono in mente le parole di un canto irlandese: «*Com'è dolce la vita, ma noi stiamo piangendo; com'è buono il vino, ma abbiamo ancora sete; com'è fragrante la rosa, ma sta morendo; com'è leggero il vento, ma sospira. Cosa c'è di buono nella giovinezza, quando invecchi?*»[3]. Il significato non è molto differente da quello della canzone di Chieffo: se il cristianesimo non diventa in noi mentalità, se il rapporto con Cristo non costituisce il vero centro della nostra esistenza, il vero punto di giudizio su noi stessi e sulle circostanze che viviamo, allora il passare del tempo è un'irrimediabile condanna, un peso insopportabile che grava sulle nostre ore.

Invece la vita nella fede è la possibilità di permanere nella giovinezza e nella verità, di uscire vittoriosi dalle battaglie dell'esistenza. Il canto di Chieffo parlava di una guerra, ed è giusto, perché ogni giorno dobbiamo combattere contro tutto ciò che in noi e intorno a noi cerchi di uccidere la speranza, di irriderla, di coprirla di fango. «*In tutte queste cose noi siamo più che vincitori*», dice san Paolo nella lettera ai Romani dopo aver descritto le sofferenze materiali e spirituali della sua vita (cfr. *Romani* 8,37). E in un altro brano: «*Sono pieno di consolazione, pervaso di gioia in ogni tribolazione*» (2 *Corinzi* 7,4). Sono frasi folli? Descrivono esperienze impossibili? No, si può davvero uscire vincitori dalla battaglia della vita. E non occor-

[3] *Only our rivers run free*, in *ibid.*, pp. 290-291.

re neppure essere forti o avere doti speciali, perché si tratta soltanto di riconoscere l'opera che Dio continuamente crea. Si tratta cioè di essere semplici.

La semplicità è la prima e decisiva virtù, la prima beatitudine. Non è un caso che Gesù cominci il discorso della montagna dicendo: «*Beati i poveri in spirito, perché di essi è il regno dei cieli*» (*Matteo* 5,3). Penso che in questa frase si raccolga tutto il cristianesimo. Poveri di spirito sono coloro che riconoscono l'opera di Dio, il dono della sua creazione, il dono della sua compagnia; sono coloro che non hanno nulla da difendere, che riconoscono di non potersi poggiare su nulla di proprio, e quindi sono pieni di gratitudine per ciò che Cristo ha compiuto e compie nella loro esistenza; sono gli uomini che riconoscono la presenza viva di Cristo e, dopo averla riconosciuta, vi aderiscono. Sono coloro che riconoscono l'unico vero Signore, e lo seguono di slancio, senza esitare, senza calcolare. Come i bambini.

Un giorno, a Cafarnao, gli apostoli presero a discutere animatamente per stabilire chi fosse il più grande tra loro. Gesù li sentì e subito chiese loro di avvicinarsi: «*Se uno vuol essere il primo, sia l'ultimo di tutti*» (*Marco* 9,35), disse. Poi, per assicurarsi che avessero capito bene, prese un bambino, «*lo pose in mezzo a loro e disse: "In verità vi dico: se non vi convertirete e non diventerete come i bambini, non entrerete nel regno dei cieli. Chiunque diventerà piccolo come questo bambino, sarà il più grande nel regno dei cieli"*» (*Matteo* 18,2-4).

Nella parola semplicità è racchiuso l'intero insegnamento di santa Teresa di Lisieux, terza donna in duemila anni di storia a essere proclamata dottore della Chiesa. Lei usava il termine *petitesse*, piccolezza. Con esso indicava proprio la virtù esaltata da Gesù nei bambini, quella piccolezza che annulla l'infinita distanza tra il misterioso volto di Dio e l'istante presente. Secondo quanto dice il vangelo: «*Chi accoglie uno di questi bambini, accoglie me; chi accoglie me, accoglie anche il Padre*» (cfr. *Marco* 9,36-37).

La sede in cui tutto si decide è il nostro io, il nostro cuore. «*Gesù*» ha scritto santa Teresina in una lettera affettuosa «*è più fiero di ciò che ha fatto nella tua anima di quanto non lo sia per aver creato milioni di stelle e la distesa dei cieli... Gesù non chiede grandi azioni, soltanto l'abbandono e la riconoscenza*[4].» La straordinaria proposta e la realtà stessa del cristianesimo stanno tutte in questo abbandono e in questa riconoscenza, nell'accoglienza dell'opera di Cristo, che è fatta di volti, di temperamenti, di storie, di incontri, di gioie e di dolori, di atti virtuosi e di nefandezze, di fatti clamorosi e avvenimenti banali.

La povertà di spirito è un dono di Dio, e perciò una grazia da domandare con insistenza. I seminaristi e i sacerdoti della Fraternità san Carlo[5], per esempio, sono abituati a concludere la recita delle lodi con la preghiera del padre De Grandmaison: «*Santa Maria, Madre di Dio, conservami un cuore di fanciullo, puro e limpido come acqua di sorgente. Ottienimi un cuore semplice...*»[6]. È una supplica rivolta a Dio, perché renda il nostro spirito capace di guardare, di aderire, di esultare, senza lasciarsi piegare dalle fatiche e dalle prove, senza rattristarsi per le delusioni, le ingratitudini, i tradimenti, le calunnie. È la richiesta di un cuore che sappia godere di ogni segno della presenza di Cristo,

4 Cfr. *Lettera n. 204*, in TERESA DI GESÙ BAMBINO, *Gli scritti*, Edizioni OCD, Roma 2004.

5 La Fraternità Sacerdotale dei Missionari di San Carlo Borromeo è stata riconosciuta dalla Santa Sede come Società di Vita Apostolica di diritto pontificio nel 1999. Gli oltre cento sacerdoti che ne fanno parte vivono in case, attualmente diffuse in venti paesi del mondo.

6 Cfr. L. DE GRANDMAISON, *Scritti spirituali*, Edizioni Paoline, Alba 1960.

da quelli piccoli come i fiori e le canzoni, fino a quelli più grandi, come il cielo stellato, le montagne e il mare.

La povertà di spirito è anche il frutto di un'educazione, è un atteggiamento che si impara. È il frutto dell'educazione che riceviamo dalla Chiesa, soprattutto dalla partecipazione ai sacramenti.

La sua crescita è favorita soprattutto dal silenzio e dalla preghiera, che sono propriamente l'azione di chi vuole lasciare spazio alla presenza di Dio. Il silenzio, cui già abbiamo accennato nei capitoli precedenti, si rivela in breve tempo un bisogno primario, non per obbedienza a una regola imposta dall'esterno, ma per una necessità intima dell'animo umano, per un'urgenza profonda del nostro spirito. Senza silenzio si perde la capacità di ragionare con la propria testa, e presto o tardi ci si accorge di non riuscire più a governare i sentimenti, di essere simili a foglie trasportate dai venti delle emozioni e degli affetti. Il silenzio cercato, vissuto e amato, rende invece via via più capaci di imparare gli uni dagli altri, nella consapevolezza di essere collocati in un contesto che è per noi occasione continua di apprendimento.

Silenzio e preghiera sono la scuola permanente della nostra umanità, la strada più semplice per la nostra maturazione, perché ci educano al riconoscimento del Mistero e alla disponibilità.

La povertà di spirito, oltre che dalla mancanza di silenzio e di preghiera, è messa in discussione da un altro pericolo, vale a dire dall'impressione di ingiustizia che spesso proviamo di fronte all'agire di Dio. Ci sembra ingiusto il modo in cui Egli dispensa la salute e la malattia, il modo in cui ripartisce i talenti, il modo in cui distribuisce successi e fallimenti. Soprattutto ci appare assurda perché non tiene sufficientemente in considerazione la nostra persona, perché ci assegna compiti indesiderati, perché ci affianca compagni di cammino sbagliati.

Ma ciò che sembra ingiustizia di Dio è in realtà assenza di semplicità dell'uomo. Perché Dio è ingiusto rispetto a una nostra idea di giustizia, rispetto a una nostra misura. Solo l'appartenenza alla Chiesa, solo l'educazione cristiana permette di riconoscere che la giustizia è l'opera di Dio.

«*Iustus ex fide vivit – Il giusto vive di fede*», dice la Lettera agli Ebrei (cfr. *Ebrei* 10,38): la giustizia è la fede, soltanto nella fede è possibile riconoscere la giustizia di Dio. Perché la fede è proprio lo sguardo dell'uomo che riconosce Dio all'opera nella storia. Allora si capisce che la povertà di spirito, alla fine, coincide con la fede.

Se la prima virtù è la semplicità di chi riconosce l'opera di Dio, la seconda è la passione di chi a quest'opera vuole partecipare, spendendo per essa – se necessario – tutta la vita. È l'ardore di chi butta tutto se stesso dentro l'avventura che è chiamato a vivere. L'espressione "buttare tutto se stesso" è forse un poco rozza, ma mi pare efficace e comprensibile. Soprattutto mi pare utile per togliere quell'alone di volontarismo che spesso solleviamo intorno alla parola offerta. Partecipare all'opera di Cristo nel mondo non significa compiere immani sforzi di volontà, bensì abbandonarsi, farsi abbracciare, lasciarsi prendere. Solo che a Dio bisogna dare davvero tutto, senza paura, senza reticenze, senza schermi, senza indecisioni.

Con Dio non esiste una via intermedia, non gli si può dare qualcosa e riservarsi il resto. Perché questo resto, la parte che riserviamo per noi stessi, prima o poi si ritorce contro Dio, cioè contro il nostro stesso bene, contro il nostro volto di uomini.

Ho avuto modo di osservare questa dinamica nel rapporto tra i seminaristi e i loro superiori. Ho visto che una vocazione cresce lieta e forte solo se c'è il tentativo sincero, da parte del ragazzo, di mettersi completamente nelle mani dei superiori. Certo, magari occorreranno degli anni per riuscire ad affrontare determinate tematiche personali. E non è neanche detto che di tutto occorra parlare direttamente, proprio perché esiste la figura del direttore spirituale. Ma è fondamentale che ci sia il desiderio di consegnarsi totalmente, senza ombre né censure. Perché il piccolo dubbio che non viene giudicato, la paura che non si affronta, il rimorso che non si guarda con verità... tutti questi particolari, magari piccolissimi, possono diventare col tempo dei massi giganteschi che finiranno per schiacciarci. Ed è un problema che non riguarda soltanto i candidati al sacerdozio, ma ogni cristiano: ciò che non viene consegnato a Cristo diventa obiezione al cammino, ostacolo alla vocazione, impedimento alla realizzazione di sé. «*Chi non è con me, è contro di me*», ha detto Gesù (*Luca* 11,23).

C'è poi una nota che rende la questione assai drammatica: se non si accetta di consegnare fino in fondo se stessi a Cristo attraverso la sua Chiesa, se si mantiene un'ultima ambiguità, se si mantengono zone d'ombra, si finisce per arrivare a un punto in cui riconoscere la falsità della propria posizione è praticamente impossibile. Ci si troverà talmente aggrovigliati nell'equivoco da essere capaci soltanto di schermirsi, invocando esempi a difesa del proprio comportamento, trovando scuse, attenuanti, giustificazioni. Non si sarà più in grado di riconoscere il proprio errore, tanto meno di provare a correggerlo. Si potrà solamente accusare gli altri, rovesciando il proprio lamento e la propria ingratitudine su tutto ciò che si è ricevuto.

Davvero con Dio non si scherza, non c'è possibilità di compromessi o patteggiamenti. Lui chiede tutto, o gli si dà tutto o non gli si dà niente. Per dare tutto non è necessario essere senza peccati né senza problemi, ma solo dire di sì con slancio appassionato. «*Niente ci può separare dall'amore di Cristo*», ha scritto san Paolo, «*né la tribolazione, né l'angoscia, né le persecuzioni, né i pericoli, né la spada*» (cfr. *Romani* 8,35). Ciò che ci può allontanare da Dio è solo il rifiuto della nostra libertà.

La donazione totale di noi stessi a Cristo è la strada per introdurci, nel tempo, a una delle verità più grandi della vita, forse la più difficile da accettare per il nostro amor proprio: noi siamo dei semplici strumenti nelle mani di Dio. Questo sembra contraddire la nostra identità di persona, la nostra unicità, la nostra eccezionalità; sembra negare il giusto desiderio di fare qualcosa di nostro, che porti il nostro nome e rimanga nel tempo. Ma poco alla volta si scopre che è esattamente l'opposto: la nostra opera personale può risuonare nei secoli soltanto nella misura in cui si consegna all'eternità, cioè nella misura in cui riconosce al servizio di un disegno molto più vasto. Cosa sarebbe la creatività di un uomo, anche del più geniale, se fosse esclusivamente la sua creatività? Sarebbe la ripresentazione dei suoi limiti, della sua caducità, della sua precarietà. Per questo, quando non è concepita come servizio al Signore, ogni opera umana, anche quella in principio più esaltante, si risolve sempre in una delusione.

Dare la vita a Cristo significa realmente morire. Ma è la morte che, sola, ci offre la possibilità di rimanere per sempre: «*In verità, in verità vi dico: se il chicco di grano caduto in terra non muore, rimane solo; se invece muore, produce molto frutto*» (*Giovanni* 12,24). Ogni atto d'amore vero, non solo di amore divino ma anche di amore umano, partecipa, almeno per un briciolo, di questa esperienza.

Siamo chiamati a spendere la nostra vita, non a trattenerla. Per questa ragione Cristo ha voluto la Chiesa e, all'interno della Chiesa, le compagnie vocazionali. Ha voluto le comunità e i monasteri perché la nostra opera trovasse una forma che non fosse data da noi, ma da Lui. È l'unica possibilità perché la nostra vita diventi realmente feconda. Come l'acqua si disperde se non trova un canale che la contenga e la indirizzi, così la nostra vita necessita di trovare un suo condotto. Solo quando le nostre energie e le nostre doti vengono raccolte dal Signore esse acquisiscono una forma, un volto significativo per noi stessi e per gli altri. Ecco la grande importanza dei carismi che lo Spirito, nel corso dei secoli, ha suscitato nella Chiesa. Attraverso uomini e donne particolarmente vicini a Dio lo Spirito ha suscitato delle forme di vita diverse, affinché le vite degli uomini fossero raccolte dalla dispersione. Come dice sant'Agostino nelle *Confessioni*: «*Io ero fuori di me, tu mi hai raccolto*»[7]. Si tratta di forme storiche, e perciò transitorie, ma volute da Cristo e dunque essenziali per l'uomo. Attraverso di esse, per misericordia del Signore, le nostre energie sono inserite in un ordine che le supera e le potenzia. «*Hai ordinato in noi l'amore*», dice san Bernardo[8].

Il nostro lavoro, qualunque esso sia, porta frutti duraturi di bene nel mondo, solo nella misura in cui è consegnato al Signore attraverso il lembo di Chiesa cui Egli ci ha affidato. A volte non è facile, si ha davvero l'impressione di morire, di sacrificarsi in modo eccessivo. Ma non è detto che tutto quello che istintivamente ci viene in mente di fare sia un reale servizio al Signore. Per questo la condizione della fioritura della nostra umanità è che noi accettiamo di spostarne continuamente la frontiera, aderen-

7 Cfr. AGOSTINO D'IPPONA, *Confessiones*, VII, 10, 16.
8 BERNARDO DI CHIARAVALLE, *Sermones supra Cantica Canticorum*, L, 8.

do al disegno di un Altro. Così, dentro un'obbedienza vissuta, cominceremo a percepire un cambiamento strano. Ci stupiremo, se Dio vorrà farcene accorgere già in questa vita, di come il nostro desiderio di possesso verso le cose e verso gli altri possa diventare amore gratuito, di come i nostri violenti rifiuti possano trasformarsi in accettazione lieta, di come le distanze stabilite dal Signore possano assicurare profondità e stabilità ai rapporti. Questa trasfigurazione delle nostre ore è l'inizio dell'eternità nel tempo, la primizia del paradiso, il «*centuplo quaggiù*» di cui parla il vangelo (cfr. *Matteo* 19,29). Forse vorremmo che fosse già completamente vero, senza sacrificio, ma non è possibile: occorre una conversione continua perché la verità si realizzi in noi, occorre che accettiamo di spalancare il nostro sguardo sugli orizzonti che Dio, continuamente, stabilisce nelle nostre giornate.

Capitolo 4

ENTRARE NELLA PASSIONE DI CRISTO

Sono molti i salmi che cantano la grandezza dell'uomo. Lo fanno con voce stupita, con la sorpresa dei bambini, che sembrano vedere tutto per la prima volta e si meravigliano di essere al mondo, di essere voluti. Solo questo stupore rende gli uomini veramente tali, tanto è vero che Gesù ha detto che se non ritorneremo come bambini non entreremo nel regno dei cieli, cioè non entreremo mai nella pienezza della vita (cfr. *Matteo* 18,3). Il salmo ottavo, nel suo inizio, sembra riprendere questo passo del vangelo: «*O Signore, nostro Dio, quanto è grande il tuo nome su tutta la terra: sopra i cieli si innalza la tua magnificenza. Con la bocca dei bimbi e dei lattanti affermi la tua potenza*» (*Salmo* 8,2-3). Poi, dopo aver cantato la maestà del Signore, volge lo sguardo verso la sua creatura. L'uomo sembra un punto invisibile nell'universo infinito, tanto che il salmista si domanda: «*Se guardo il tuo cielo, opera delle tue dita, la luna e le stelle che tu hai fissate, che cosa è l'uomo perché te ne ricordi?*» (*Salmo* 8,4-5). Ma l'uomo è più grande dell'universo intero, perché dell'universo costituisce il termine: «*Eppure l'hai fatto poco meno degli angeli, di gloria e di onore lo hai coronato: gli hai dato potere sulle opere delle tue mani, tutto hai posto sotto i suoi piedi*» (*Salmo* 8,6-7).

Anche il salmo 139 è un inno alla grandezza dell'uomo,

ed è anch'esso un inno molto realista, perché riconosce che la grandezza dell'uomo è un dono di Dio: «*Sei tu che hai creato le mie viscere e mi hai tessuto nel seno di mia madre. Ti lodo, perché mi hai fatto come un prodigio*» (*Salmo* 139, 13-14). Poi aggiunge alcuni versi commoventi: «*Tu mi conosci fino in fondo. Non ti erano nascoste le mie ossa quando venivo formato nel segreto, intessuto nelle profondità della terra. Ancora informe mi hanno visto i tuoi occhi e tutto era scritto nel tuo libro; i miei giorni erano fissati, quando ancora non ne esisteva uno*» (*Salmo* 139, 14-16). Soltanto se radichiamo il nostro cuore in questa verità, soltanto se lasciamo spazio allo stupore di essere voluti e amati fin dal principio dei tempi, possiamo entrare nel regno dei cieli. Il portale della vita vera è lo stupore per la paternità di Dio.

Dio ci ama come figli. Lo si scopre in modo dirompente nel momento in cui la vocazione assume una forma definitiva, nel giorno della celebrazione del matrimonio o della consacrazione sacerdotale. Questi momenti vanno letti innanzitutto e soprattutto come il frutto di una predilezione di Dio. Egli, che ha fatto ogni cosa, che è Signore dei cieli e della terra, si è rivolto a ognuno di noi. Per noi, per la nostra felicità, è diventato un uomo, è morto sulla croce ed è risorto. Per la nostra felicità ha preparato una strada. Ci ama a uno a uno, e vuole che diventiamo sempre più suoi, che rispondiamo alla sua iniziativa verso la nostra vita con tutta la nostra persona, la nostra libertà, la nostra intelligenza, il nostro cuore, la nostra azione.

Il momento in cui diventa nitido il significato della propria esistenza è il momento in cui il suo amore per noi risplende con più limpidezza. Ma esso è anche il momento che toglie ogni possibile ambiguità, e ci rende evidentemente servitori di Cristo e perciò servitori della Chiesa. Qualunque sia la strada sulla quale siamo chiamati, la nostra gloria consiste nel mettere tutte le nostre energie a disposizione della costruzione della Chiesa.

Costruire la Chiesa vuol dire aiutare il Signore a entrare dentro la vita delle persone che ci stanno vicine, i colleghi di lavoro, gli amici, i compagni di scuola. Vuol dire far fiorire le loro esistenze dall'interno, nel riconoscimento di ciò che è vero, di ciò che è bene, di ciò che è santo, di ciò che è grande. La costruzione della Chiesa, l'edificazione del popolo di Dio, è perciò un lavoro che richiede molta pazienza. È un'opera che necessita l'impiego di tutte le energie che il Signore ci dà, che richiede la disponibilità a ricominciare sempre, la forza di non scoraggiarsi, la capacità di riscoprire ogni giorno le ragioni del nostro impegno e le strade per proseguirlo. È un compito difficile, ma è anche il più entusiasmante che possa esserci affidato, perché si tratta di essere collaboratori di Gesù, di partecipare alla sua stessa missione. Niente può esaltare il nostro cuore come la coscienza di essere chiamati, qualunque sia la nostra condizione di vita, a contribuire all'edificazione della casa di Dio, di essere chiamati a servire gli uomini nella loro affannosa ricerca del volto del Mistero. La vita del cristiano è una vita per Dio e per gli uomini, segnata dalla passione indomabile per la realizzazione del regno di Dio e per la felicità degli uomini.

Il Signore è venuto sulla terra per fare compagnia agli uomini e ha avuto la preoccupazione di creare una compagnia di uomini ad altri uomini. Per questo ha attirato attorno a sé il cerchio più stretto degli apostoli, il cerchio più largo dei discepoli, e quello più largo ancora delle folle che lo ascoltavano e tornavano a casa. In una amicizia di uomini, Egli ha lasciato il segno della sua presenza dentro la storia. Per questo, ancora oggi, il frutto più bello che possa nascere dall'uomo che aderisce alla voce di Dio è sicuramente l'amicizia fra gli uomini, amicizia consapevole del fondamento che può permettere di dire questa parola con verità, con speranza, senza disillusione. La parola amico è la più grande che un uomo possa dire a un altro uomo. Si tratta della parola che Gesù prima di morire ha usato per noi, come promessa, come speranza, come invocazione, come cuore del suo testamento: «*Non vi chiamo servi, ma amici*» (cfr. *Giovanni* 15, 15).

Un uomo può aderire al proprio destino solo nell'amicizia che Cristo ha voluto tra lui e altri uomini perché possano aiutarsi nel cammino dell'esistenza, correggersi, sostenersi, e per essere, per mezzo della loro amicizia, un segno per tutti, il segno che Dio salva la vita degli uomini attraverso l'unità che Lui stesso crea e ricrea continuamente, non attraverso le nostre doti, le nostre conoscenze, le nostre dirittture morali.

Cristo ha voluto stabilire con ognuno di noi un rapporto assolutamente privilegiato, perché possiamo entrare nel mistero della sua persona e della sua missione. Non finiremo mai di entrare dentro questa realtà. Tutto ciò che Egli ha fatto nella sua vita mostra il suo amore per noi, come tutto ciò che egli continua a operare nella nostra esistenza. Incarnazione, croce e risurrezione, battesimo, matrimonio o consacrazione, sono i nomi e le tappe principali della sua carità. Occorre domandare di poter fare esperienza della carità con cui Cristo ci chiama amici in ogni giorno della vita. Occorre aprire il nostro cuore alla gratitudine, cioè al rendimento di grazie, per restituire a Cristo tutta la realtà della nostra esistenza, perché Egli sia tutto in tutti, fino ai confini del mondo.

La nostra vocazione è la strada attraverso la quale si compie ciò che il battesimo ha già realizzato, vale a dire la nostra identificazione con Cristo. L'identificazione con la sua persona è anche l'identificazione con la sua opera. Non può avvenire, infatti, un'identificazione alla persona di Cristo che non sia un'identificazione alla sua missione, perché la persona e la missione di Cristo coincidono. Cristo è il mandato dal Padre per la salvezza degli uomini, perciò entrare dentro la sua persona è entrare dentro la compassione di Cristo per gli uomini. Non si tratta di un passaggio successivo, è piuttosto una questione originaria: nel momento in cui si incontra Cristo, si sperimenta anche la realtà della sua compassione, in primo luogo perché ci si imbatte nella realtà del suo amore per noi stessi.

Seguire Cristo significa mettersi alla scuola della sua compagnia alla vita degli uomini, significa imparare la sua carità, la sua donazione senza limiti. Non c'è distinzione tra la persona di Cristo e il suo sì al Padre, così come non sono distinte la sua persona e il suo essere Figlio. Egli è adesione totale al Padre, e per questo, allo stesso tempo, è intero sì agli uomini. Entrare nella vita di Cristo significa dunque entrare nella scuola di passione per l'uomo che Egli ha inaugurato.

Certamente non si tratta di un apprendimento immediato. La capacità di compassione verso i nostri fratelli è un frutto che matura nel tempo, nella misura della nostra adesione al luogo al quale Dio ci ha consegnati. Nella partecipazione alla vita della Chiesa la nostra intelligenza e la nostra sensibilità diventeranno via via più simili all'intelligenza e alla sensibilità di Cristo, secondo i doni diversi che Dio ha concesso a ciascuno.

È invitabile che all'inizio del cammino si possa avere l'impressione di essere del tutto incapaci di portare questa responsabilità, incapaci di portare nel mondo la luce della fede. Facilmente ci saranno momenti in cui ci sentiremo schiacciati dai problemi, anzitutto dai nostri, e ci sembrerà impossibile aiutare il Signore a fare breccia nel cuore degli uomini. Ma credo che queste difficoltà siano un grande aiuto, perché ci aiutano a non scordare che noi, in realtà, non siamo i salvatori di nessuno: né della nostra vita, né tantomeno della vita degli altri. Cristo è l'unico salvatore, noi siamo chiamati semplicemente a collaborare all'opera di Dio. È una verità semplice ma decisiva, da tenere sempre presente nel nostro agire quotidiano. Potremo consigliare una persona in difficoltà, potremo dirle una parola di speranza, potremo aiutarla a riconoscere la positività ultima della vita, ma solo fino a un certo punto, oltre il quale sarà Dio a condurla. Per questo è importante che impariamo a deporre davanti al Signore tutte le nostre preoccupazioni. Per esempio alla sera, come ci educa a fare la Chiesa. Le preoccupazioni che tormentano i pensieri, e ci impediscono di dormire in pace, sono il segno che stiamo confidando in noi stessi. È giusto dare tutto, ma ricordandoci sempre che tutto è nelle mani di Dio, come dice benissimo un salmo: «*Getta sul Signore il tuo affanno ed egli ti darà sostegno*» (*Salmo* 55,23).

Il vangelo di Matteo racconta di come Gesù girasse per le città e i villaggi, «*predicando il vangelo del regno e curando ogni malattia e infermità*» (*Matteo* 9,35). Poi aggiunge, come in un inciso, una piccola frase, che apre uno squarcio impressionante sul cuore di Gesù: «*Vedendo le folle ne sentì compassione*» (*Matteo* 9,36). La conversione della vita consiste in un ingresso continuo in questo sguardo. Se non domandiamo allo Spirito di essere immedesimati alla compassione di Gesù per gli uomini non potremo mai fare esperienza della sua misericordia verso noi stessi. E non saremo utili a nessuno. Per questo san Paolo ci invita ad avere in noi gli stessi sentimenti di Cristo (cfr. *Filippesi* 2,5), perché solo entrando in Cristo è possibile raggiungere veramente il cuore delle persone che Dio ci fa incontrare, si può avvertire il loro disagio, si può sentire il loro grido nascosto, il loro bisogno più profondo. Proprio come accadeva a Gesù, che si commuoveva fino alle lacrime, perché vedeva tanti uomini e tante donne spauriti, «*come pecore senza pastore*» (*Matteo* 9,36).

L'assenza di compassione si segnala nel fermarsi al dovuto. Chi non ha compassione concepisce la fede come un dovere, un compitino, un insieme di precetti da osservare per sentirsi in pace con se stesso. Non si rende nemmeno conto delle persone che ha intorno, oppure si cava d'impaccio con la scusa che non gli è stato chiesto nulla. Ma Gesù ci ha lasciato una testimonianza ben diversa. Egli non si fermava mai, non si limitava mai, non era mai pago. Non aspettava che la gente lo andasse a trovare, andava Lui stesso a cercarla. «*Egli è venuto a cercare chi era perduto*», dice il vangelo di Luca (cfr. *Luca* 19,10), e in questa espressione c'è la sua ansia, il suo dinamismo verso l'uomo, il suo desiderio d'incontro. La stessa tensione descritta dalla parabola della pecora perduta (cfr. *Luca* 15,4-8) e dalla parabola del figliol prodigo, che si conclude con le parole piene di gioia del padre, perché quel figlio «*era perduto ed è stato ritrovato*» (cfr. *Luca* 15,11-33).

Se l'assenza di compassione si rivela nella tendenza a fermarsi al dovuto, l'immedesimazione con Cristo provoca invece uno slancio creativo, l'inventiva, la fantasia. Chi avverte nel proprio cuore lo struggimento per la felicità delle persone che incontra non si limita a ripetere cose già proposte da altri, non si ferma agli schemi già collaudati, ma ha il gusto di creare strumenti e occasioni perché tutti possano incontrare Cristo. Lo Spirito è creatività, e chi è abitato dallo Spirito è creativo. San Paolo lo testimonia molto bene, quando dice: «*Mi sono fatto tutto a tutti, per salvare ad ogni costo qualcuno*» (*1 Corinzi* 9,22). Ma egli è arrivato addirittura a scrivere: «*Vorrei essere anatema a vantaggio dei miei fratelli*» (cfr. *Romani* 9,3). Questo è il segno della sua tensione verso l'altro, della sua capacità di rischio, che si spinge fino a desiderare, se fosse necessario, di essere maledetto per giovare alla salvezza dell'altro.

La ripetitività meccanica è il segno di una lontananza da Cristo, perché quando nel nostro cuore c'è la tensione all'immedesimazione con lui, non si fanno mai le stesse cose, e non si dicono mai le stesse parole. E se le parole sono le stesse comunque ne muta l'accento, muta il tono, muta il colore.

Le considerazioni appena svolte devono essere portate fino in fondo, fino a toccare un punto che rappresenta la chiave di volta decisiva per tutta la vita: se la vita dell'uomo è identificazione alla missione di Cristo, allora è anche identificazione alla sua passione. Non soltanto alla sua passione per l'uomo, ma alla passione del suo sacrificio e della morte in croce. Identificarsi veramente con Cristo significa accettare il sacrificio, riconoscendo che, attraverso di esso, Cristo ha salvato il mondo. Non occorre la fede per vivere l'esperienza del dolore, non occorre credere in Dio per sentire il peso della vita. Ma proprio per questo si gioca qui una grande alternativa, perché partecipare alla donazione di Cristo per gli uomini è la possibilità di vivere una dolcezza in tutto, anche negli aspetti più contradditori, anche nelle sofferenze, perfino di fronte alla morte. È il paradosso delle beatitudini: «*Beati voi quando vi insulteranno, vi perseguiteranno e, mentendo, diranno ogni sorta di male contro di voi per causa mia*» (Matteo 5,11). Lo dice Gesù, che è stato insultato, calunniato e flagellato ingiustamente, e contro il quale è stata detta, mentendo, ogni sorta di malvagità. Immedesimarsi con Lui vuol dire allora abbracciare la sua stessa sorte, in qualunque forma Egli voglia farcela sperimentare. Allora si comincerà a percepire la soavità della croce, grande o piccola, che ci è chiesto di portare: «*Il mio giogo è dolce e il mio carico leggero*» (*Matteo* 11,30). E davvero è dolce il peso della vita quando si ha la certezza di non portarlo da soli, anzi, quando si ha la certezza che esso ci rende più simili al nostro Signore.

San Francesco d'Assisi ha inventato una parabola che descrive la dolcezza dell'identificazione a Cristo anche nelle sofferenze, anzi, tanto più dolce quanto più sono forti i dolori. Erano gli ultimi anni della vita del santo, e la sua autorità era contestata: non pochi avrebbero voluto cacciarlo dalla guida dell'ordine che lui stesso aveva fondato. Allora disse al suo amico padre Leone, che camminava al suo fianco: «*Immagina di tornare a casa tua sfinito, in una notte di tempesta, e immagina che da dentro rispondano che non ti conoscono. "Piove, lasciatemi entrare, non ho un altro posto dove andare." "Non sappiamo chi sei." Ecco, in questo c'è la perfetta letizia*»[1]. È un racconto che descrive la sorte di Gesù, respinto dal suo popolo, trattato come uno straniero, addirittura come un delinquente. Per questo descrive la perfetta letizia, perché indica la possibilità di una profonda compagnia, anche laddove la solitudine sembra totale, invincibile.

Bisogna entrare in questo punto di vista per comprendere la gioia cristiana, quella gioia, o beatitudine, che rappresenta certamente il cuore dell'annuncio di Cristo. La gioia coincide esattamente con l'identificazione all'obbedienza di Gesù al Padre, e perciò con l'identificazione alla sua passione. Don Giussani, poco dopo l'ordinazione sacerdotale, ha scritto in una lettera a un amico: «*L'amicizia è una tal cosa che lascia irrequieti al pensiero di essere diversi dall'amico: bisogna essere il più possibile uguali, identici: uniti ed impastati insieme, aderenti l'uno all'altro così come*

[1] Cfr. *I Fioretti di San Francesco*, Città Nuova, Roma 1999, pp. 34-26.

la luce aderisce ai contorni delle cose: e se Lui è in croce, tutto l'orgoglio mio deve consistere nel sentirmi come Lui»[2].

L'alternativa all'immedesimazione con Cristo è quella posizione che nelle pagine precedenti ho chiamato borghesismo. È l'atteggiamento di chi cerca soltanto il proprio comodo, e per questo stabilisce rapporti soltanto in base alla convenienza, al tornaconto. È la posizione di chi resta indifferente di fronte a tutto e a tutti, senza interessarsi della vita delle persone che si trova di fianco, preoccupato soltanto di se stesso.

Non è difficile scadere nel borghesismo: basta anche solo smettere di guardare a Cristo come a un "Tu" presente, basta smettere di concepire la vita come una risposta alla sua presenza. Basta illudersi di aver dato già abbastanza, come se la nostra adesione a Cristo fosse scontata, come se bastasse ancora un sì detto tanti anni fa. Invece occorre che il nostro sì sia sempre attuale, contemporaneo. Altrimenti la fede perde incidenza, diventa routine, e con la fede perde sapore anche la vita.

A questo proposito è molto significativo un piccolo brano dell'Apocalisse. Si tratta della lettera alla comunità di Laodicea, una delle lettere che il Signore chiede di scrivere alle sette chiese dell'Asia. Sono parole molto dure, che incalzano a una presa di posizione: «*Conosco le tue opere: tu non sei né freddo né caldo. Magari tu fossi freddo o caldo! Ma poiché sei tiepido, non sei cioè né freddo né caldo, sto per vomitarti dalla mia bocca*» (*Apocalisse* 3,15-16). Il Signore non sta attaccando una persona cattiva, non sta stigmatizzando una situazione di peccato, di rivolta, di rifiuto esplicito. La diabolicità messa in luce è molto più profon-

[2] L. GIUSSANI, *Lettere di fede e di amicizia*, San Paolo, Cinisello Balsamo (Mi) 1997, p. 33.

da e più subdola. È la tiepidezza, la mancanza di passione, l'indifferenza. Subito ne viene svelata la radice: «*Tu dici: "Sono ricco, mi sono arricchito; non ho bisogno di nulla"*». È proprio la descrizione di vivere la vita come rapporto solo con se stesso. Il Signore ne smaschera la menzogna: «*In realtà sei un infelice, un miserabile, un povero, cieco e nudo*» (*Apocalisse* 3, 17). Chi vive dimenticando il rapporto con Cristo, è un uomo che ha rinunciato alla propria umanità, la sua vita è ormai senza fuoco, senza alcuna preziosità, piena di terra. È una vita povera nel senso più deteriore e triste del termine, perché manca di drammaticità, è priva di tensione. Chi pensa solo a se stesso non può gustarsi più nulla. Non è attirato da nulla, non si sorprende di nulla, non vede più nulla. Guarda solo alla superficie, si accontenta della superficie. Per questo il Signore dice: «*Ti consiglio di comperare da me oro purificato dal fuoco per diventare ricco... e collirio per ungerti gli occhi e ricuperare la vista*» (*Apocalisse* 3, 18).

L'ultima parte della lettera svela l'itinerario che Cristo ci invita a compiere per uscire dalla freddezza, dall'indifferenza, dall'apatia, dalla routine: «*Ecco, sto alla porta e busso. Se qualcuno ascolta la mia voce e mi apre la porta, io verrò da lui, cenerò con lui ed egli con me*» (*Apocalisse* 3, 20). Per uscire dalla freddezza occorre accorgersi dell'iniziativa sempre nuova di Cristo verso di noi. Egli è sempre alla porta, presenza sempre attiva, scomodante. Gli si può resistere, costringendolo a stare fuori come un ospite indegno, come un disturbo, come un pericolo. Ma Egli non si stanca di bussare, di attendere il nostro sì. E promette grandi cose a chi accetta di aprirgli la porta, a chi lo riconosce realmente presente, a chi concepisce la propria vita come rapporto con Lui, Mistero fatto carne.

Conclusione

La grandezza dell'uomo risiede nella risposta alla chiamata di Dio. Egli chiama sempre, attraverso ogni incontro, ogni avvenimento, ogni circostanza. Ci chiama a diventare noi stessi e a collaborare alla sua opera, che è la salvezza del mondo. Ognuno con un compito particolare, ognuno con la sua responsabilità, tutti con la certezza della sua compagnia. Anzi, con la certezza che l'obbedienza al suo disegno ci rende ogni giorno più simili a Lui. A questo pensiero possono tremare le gambe, e infatti in tutta la Bibbia continuamente si incontra l'incoraggiamento del Signore: «*Non temere, io sono con te*». L'ha detto ad Abramo, a Gedeone, a Ezechiele, a Mosè... Anche Gesù lo ha ripetuto spesso ai suoi discepoli, come immaginando il tremore che doveva prenderli quando riuscivano a percepire, per quanto era loro concesso, l'immensità del mistero che avevano davanti. Lo ha detto anche alle donne subito dopo la resurrezione: «*Non temete; andate ad annunziare ai miei fratelli che presto mi vedranno*» (cfr. *Matteo* 28,10).

L'invito di Gesù a non avere paura è di un'attualità sorprendente. Perché la nostra epoca è realmente dominata e quasi soggiogata dalla paura, soprattutto nel mondo occidentale. La denatalità che attanaglia i nostri paesi ne rappresenta forse il segno più evidente: a che scopo dare la vita se non esiste un futuro, se esso appare soltanto come uno scenario di lotte e distruzioni? Gesù capovolge questa ottica e rigenera nell'uomo la capacità creativa di fronte alla vita. La sua incarnazione ci assicura che non esiste nessun luogo che sia talmente distante da Dio, nessuna situazione che sia talmente estranea a Lui da non poter diventare luogo di una nuova creazione. Portare a tutti questo capovolgimento di sguardo è esattamente il compito della missione. Il profeta Isaia forse userebbe l'espressione: «*Trasformare le spade in aratri e le lance in falci*» (cfr. *Isaia* 2,4). A questo siamo chiamati, qualunque sia il nostro lavoro, la nostra età, la nostra situazione familiare: trasformare la paura in speranza, la delusione in cammino. Potremmo anche dire che siamo chiamati a trasformare la paura in timore di Dio.

Vivere il timore di Dio vuol dire entrare nel disegno del Padre; significa entrare nel suo incommensurabile amore, che ci chiama continuamente a cambiare, all'umiltà, all'ascolto. Il timore è la nostra risposta alla grandezza di Dio, è la scuola dove si impara a guardare ciò che accade dentro una luce nuova. Per questo, in versetti che abbiamo già citato, il libro dei Proverbi afferma che il timore di Dio è l'inizio della sapienza (cfr. *Proverbi* 1,7), e il Siracide dice che ne è anche la pienezza: «*Corona della sapienza è il timore del Signore*» (*Siracide* 1,16).

I salmi insegnano che «*il Signore si rivela a chi lo teme*» (*Salmo* 25,14), e che perciò è «*beato l'uomo che teme il Signore*» (*Salmo* 128,1).

Il timore è il nostro amore che risponde a quello di Dio. Esso non ha nulla a che vedere con la paura, anzi, è il portale della speranza, poiché ci fa scoprire che «*quale è la grandezza di Dio, tale è anche la sua misericordia*» (*Siracide* 2,18). È questa la certezza che sostiene gli uomini di Dio, rendendoli lieti, indomabili. Come il profeta Geremia, il quale, rammentando il rifiuto da parte dei suoi fratelli, levò questo canto al Signore: «*Il Signore è al mio fianco come un prode valoroso, per questo i miei persecutori cadranno e non potranno prevalere; saranno molto confusi perché non riusciranno, la loro vergogna sarà eterna e incancellabile. Signore degli eserciti... a te ho affidato la mia causa!*» (*Geremia* 20,11-12).

Nulla può spaventare chi confida nel Signore, nemmeno il proprio male. Questa è una scoperta meravigliosa, che libera il campo dalla più terribile delle tentazioni, che è quella di lasciare l'ultima parola al nostro peccato. No, l'ultima parola su noi stessi non è il nostro limite, ma la misericordia del Signore, che ci dona la vita e continua a bussare alla porta del nostro cuore, senza mai arrestarsi, rimettendoci sempre in gioco, rilanciando, perdonando. I nostri peccati non gli impediscono di continuare a chiamarci sulla strada del nostro compimento, cioè sulla strada della nostra santità. Santa Teresa di Lisieux lo ha scritto molto bene in una lettera a un fratello spirituale che era stato affidato alle sue preghiere: «*Lei ama sant'Agostino, santa Maddalena, queste anime alle quali molti peccati sono stati perdonati, perché hanno molto amato (Lc 7,47). Anch'io li amo, amo il loro pentimento e soprattutto l'audacia del loro amore! Quando vedo la Maddalena avanzarsi alla presenza dei numerosi invitati, bagnare delle sue lacrime i piedi del Maestro adorato che tocca per la prima volta, sento che il suo cuore ha compreso gli abissi d'amore e di misericordia del Cuore di Gesù, e che, per quanto peccatrice ella sia, quel Cuore traboccante d'amore è, non solamente disposto a perdonarla, ma anche a prodigarle i tesori della sua intimità divina, ad elevarla fino ai più alti vertici della contemplazione. Mio caro fratellino, da quando è stato conces-*

so, anche a me, di comprendere l'amore del Cuore di Gesù, confesso che l'amore ha cacciato dal mio cuore ogni timore! Il ricordo delle mie colpe mi umilia, mi porta a non appoggiarmi più sulla mia forza che è solo debolezza... So che vi sono Santi i quali trascorsero la loro vita a praticare incredibili mortificazioni per espiare i loro peccati, ma, cosa vuole, vi sono molte dimore nella casa del Padre celeste (*Giovanni* 14,2)»[1].

[1] *Lettera n. 220*, in TERESA DI GESÙ BAMBINO, cit., p. 756.

Indice

www.ingramcontent.com/pod-product-compliance
Ingram Content Group UK Ltd.
Pitfield, Milton Keynes, MK11 3LW, UK
UKHW040009200726
13854UKWH00001B/109

9 780982 356173